임진숙
이도영
박호림
양석재
김원일
강신옥
김인주

놀이와 활동으로 배우는
인공지능 기본 원리

AI Unplugged for Everyone

모두를 위한

인공지능
언플러그드

씨마스

저자 소개

임진숙(limjnsk@gmail.com)

- 경상북도교육청연수원 교육연구사 / 한국교원대학교 대학원 컴퓨터교육 박사
- 2015 개정 중고등학교 '정보' 교과서 집필, 중고등학교 AI 보조교재 개발 연구진
- 인공지능과 데이터과학, 학생주도형 탐구활동의 과정중심평가 연구

이도영(yesimf@naver.com)

- 서울 동양중학교 정보 교사 / 공주대학교 컴퓨터교육 석사
- SW·AI교육 선도학교 운영
- 인공지능 내용기준 및 보조교재 개발 연구진, AI교육 원격 연수 콘텐츠 개발

박호림(twhorim@gmail.com)

- 전남 문태고등학교 정보 교사 / 목포대학교 컴퓨터교육, 멀티미디어공학 석사
- SW·AI교육 선도학교, AI 융합교육 중심고등학교 운영
- 인정교과서 '소프트웨어와 생활' 집필 및 SW·AI 교육 관련 다양한 연수 활동 진행

양석재(roughkyo@gmail.com)

- 전남 광양고등학교 교사 / 한국교원대학교 컴퓨터교육 학사
- SW·AI교육 선도학교 운영, AI 원격연수 콘텐츠 개발진
- 인정교과서 '소프트웨어와 생활' 집필 및 SW·AI 교육 관련 다양한 연수 활동 진행

김원일(iljppsy@gmail.com)

- 울산 평산초등학교 교사 / 대구교육대학교 수학교육 석사
- SW·AI교육 선도학교 및 SW·AI교사연구회 운영
- AI교육 원격 연수 콘텐츠 개발 및 초등 AI 보조교재 개발 연구진

강신옥(cyberize@hanmail.net)

- 전남 남평초등학교 교사 / 전주교육대학교 영재교육 석사
- SW·AI교육 선도학교 및 SW·AI교사연구회 운영
- 인공지능 내용기준 및 보조교재 개발 연구진, AI교육 원격 연수 콘텐츠 개발

김인주(bluedaisy.ij@gmail.com)

- 대전 동광초등학교 교사 / 한국교원대학교 대학원 컴퓨터교육 박사수료
- SW·AI교육 교원 연수 기획 및 운영
- SW·AI교육 원격 연수 콘텐츠 및 교재 기획·개발

추천의 글

컴퓨터 과학 교육 연구원이자 교육자로서 저는 학생들에게 인공지능의 실제를 가르치는 것이 얼마나 어려운 일인지 잘 알고 있습니다. 그렇기 때문에 저는 이 책이 참 마음에 듭니다.

이 책은 여러분들이 인공지능을 학습하는 데 훌륭한 출발점이 될 언플러그드 활동을 담고 있습니다. 이러한 언플러그드 활동은 인공지능의 기초 이론을 연구하고 체험할 수 있는 훌륭한 방법이 될 것입니다. 이 책은 친절한 설명과 활동을 바탕으로 인공지능의 기초 이론을 잘 녹여내었습니다. 따라서 이 책은 여러분의 학생들이 인공지능의 실제를 처음 학습하는 데 완벽한 출발점이 될 것입니다.

슈테판 제거러
독일 베를린 자유 대학교 연구원

As a CS-Ed researcher and educator, I know how hard it can be to teach students what AI is really about. That's why I love this book.

It takes unplugged activities to provide a great start for you and your students to learn about AI. Such activities are a great way to investigate and experience the underlying principles of a topic. It blends them with lovely crafted explanations and exercises. Thus, this book is the perfect start to let your students explore what AI truly is.

Stefan Seegerer
Researcher, Freie Universität, Berlin, Germany

이 책에 수록된 일부 자료는 Stefan Seegerer와 Annabel Lindner의 허락을 받아 사용 및 조정되었습니다.

머리말

인공지능은 산업뿐만 아니라 음악, 미술과 같이 사람만이 수행할 수 있을 것이라고 여겼던 고유 영역까지도 영향을 미치고 있으며, 우리 생활에 깊숙하게 스며들고 있습니다. 인공지능은 지금까지 인터넷의 발전이 빠르게 세상을 변화시킨 것 이상으로 더 빠르게 세상을 변화시킬 것입니다. 이러한 변화에 따라 인공지능의 중요성 역시 더욱 커지고 있으며, 미래 교육의 패러다임에서도 인공지능은 중요한 키워드가 되고 있습니다.

이 책은 학교 현장에서 소프트웨어(SW) 교육에 힘쓰고 있는 초·중·고등학교 교사 7인이 함께 모여 밑바닥부터 인공지능을 공부하며, 누구나 인공지능의 원리를 쉽게 배울 수 있도록 돕기 위해 만든 책입니다.

이 책의 언플러그드 활동은 독일의 Stefan Seegerer와 Annabel Lindner가 개발한 'AI Unplugged' 활동과 All-in-One이 자체 개발한 활동으로 구성되어 있습니다. 독일 AI Unplugged 활동을 수차례 초·중·고등학교 수업과 교사 연수 등에 적용하고 이를 바탕으로 재구성하였으며, 각 활동의 관련 이론과 활동지, 활동 자료까지 모두 포함하여 인공지능 수업에 바로 적용할 수 있도록 구성하였습니다.

이 책은 다음과 같은 특징을 가지고 있습니다.

첫째, 인공지능 이론을 잘 모르더라도 누구나 쉽게 해 볼 수 있도록 언플러그드 활동의 과정을 단계별로 상세하게 설명하였습니다.

둘째, 언플러그드 활동 과정에 대해 왜 이러한 활동을 했는지, 그 활동이 가지는 의미가 무엇인지를 질문과 답으로 풀어서 설명하였습니다.

셋째, 언플러그드 활동과 관련된 인공지능 지식을 누구나 쉽게 이해할 수 있도록 최대한 쉬운 언어로 표현하였습니다.

넷째, 이 책만으로도 언플러그드 활동을 직접 해 볼 수 있도록 활동에 필요한 활동지와 활동 자료들을 함께 담았습니다.

이 책의 주요 내용은 다음과 같습니다.

1장 무는 원숭이를 찾아래(의사결정트리)

의사결정트리를 활용하여 원숭이를 직접 분류하고 제작한 트리의 정확도를 측정해 볼 수 있는 활동으로, 인공지능이 어떻게 분류와 예측을 할 수 있는지에 대해 배울 수 있습니다.

2장 가까운 것끼리 모여라!(k-평균 알고리즘)

비지도 학습의 군집화 방법 중 가장 대표적인 k-평균 알고리즘의 원리를 알아보는 활동으로, 정답이 없는 데이터를 인공지능이 어떻게 학습하고 유사한 특성이 있는 것들끼리 묶어 주는지 배울 수 있습니다.

3장 AI 로봇을 이겨라!(강화 학습)

시행착오를 통해 배우는 강화학습의 원리를 쉽게 이해할 수 있게 만든 활동으로, 게임 규칙만 알고 있는 로봇이 상과 벌을 통해 전략을 어떻게 학습하는지 배울 수 있습니다.

4장 AI의 뿌리를 찾아서(전문가 시스템)

미니 체스 게임을 통해 규칙과 지식을 기반으로 한 전문가 시스템의 원리를 이해할 수 있게 만들어진 활동으로, 전문가 시스템의 장점과 한계를 인식할 수 있습니다.

5장 청기 백기 놀이(인공 신경망)

인공 신경망을 모델링하여 단순화한 활동으로, 생물학적 뉴런의 구조와 특징을 바탕으로 인공 신경망의 기본적인 구조와 특징을 배울 수 있습니다.

6장 그림을 맞춰 봐!(이미지 인식 with Neural Network)

딥러닝을 통하여 이미지를 인식하는 과정을 단순화하여 만든 활동으로, 각 층(레이어)마다 이미지 속 객체를 어떻게 인식하는지 배울 수 있습니다.

7장 사람일까? 기계일까?(튜링 테스트)

튜링 테스트는 기계가 사람과 같은 지능을 가졌는지 판단할 수 있는 활동으로, 인공지능의 본질적인 의미에 대해 배울 수 있습니다.

인공지능을 처음 배우는 사람들이 혼자 힘으로 인공지능의 원리를 이해하는 것은 결코 쉬운 일이 아닙니다. 이 책이 인공지능 교육과 학습을 시작하는 모두에게 조금 더 쉽게 시작할 수 있는 디딤돌이 되기를 바라면서, 이 책이 나오기까지 즐거움과 고됨을 함께 한 All-in-One 모두와 멀리 독일에서 이 책의 출간을 위해 많은 조언과 응원을 보내 주신 Stefan Seegerer, Annabel Lindner에게 진심으로 감사드립니다.

인공지능 교사연구회 All-in-One 일동
(All-in-One: Teacher Research Group on AI Education)

이 책의 구성

이 책에는 인공지능을 처음 접하는 학생들에게 인공지능의 기초 이론을 쉽고 재미있게 가르칠 수 있는 다양한 활동이 수록되어 있습니다.

step 1

이 활동에서 배울 인공지능 이론을 개요로 한눈에 파악할 수 있습니다.

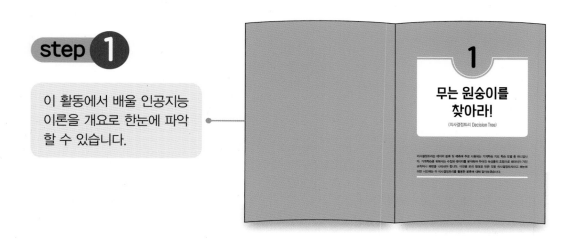

step 2

활동하기에 앞서 알아두어야 할 인공지능 기초 이론과 생활 속에서 찾아볼 수 있는 인공지능 적용 사례 등을 접할 수 있습니다.

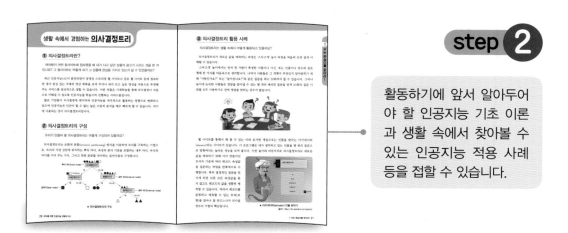

0	1	2	3
인공지능 언플러그드를 시작하며	무는 원숭이를 찾아라!	가까운 것끼리 모여라!	AI 로봇을 이겨라!
	의사결정트리	k-평균 알고리즘	강화 학습

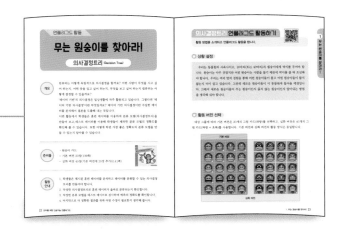

step ③

본격적인 언플러그드 활동을 위해 활동 개요와 준비물 등을 소개하였으며, 삽화와 사진을 활용하여 구체적인 활동 과정을 살펴볼 수 있습니다.

step ④

이번 활동을 통해 꼭 알고 넘어가야 할 인공지능 키워드를 상세하게 학습할 수 있습니다.

언플러그드 활동에 담겨 있는 의미를 Q&A로 정리하여 되짚어 볼 수 있습니다.

※ 학습지와 부록 제공

4	5	6	7
AI의 뿌리를 찾아서	**청기 백기 놀이**	**그림을 맞춰 봐!**	**사람일까? 기계일까?**
전문가 시스템	인공 신경망	이미지 인식 with Neural Network	튜링 테스트

차례

0

인공지능 언플러그드를 시작하며

인공지능 원리는 저 멀리 드넓게 펼쳐진 망망대해와 같이 넓고 깊습니다. 이 넓은 바다에서 우리가 길을 잃지 않고 목적지까지 제대로 항해할 수 있는 방법은 무엇일까요? 지금부터 함께할 '모두를 위한 인공지능 언플러그드'는 인공지능이라는 바다에서 여러분의 항해를 돕는 하나의 나침반이 될 것입니다. 이제 인공지능의 세계를 향해 배를 띄워 봅시다.

인공지능, 망망대해

1 여러분은 인공지능에 대해 얼마나 알고 있나요?

아래 표를 보며 내가 인공지능에 대해 얼마나 알고 있는지 체크해 봅시다.

인공지능 인식 수준 체크

인공지능에 대해
알고 있는가?

YES / NO

인공지능이 적용된 사례를
세 가지 이상 말할 수 있는가?

YES / NO

머신러닝(기계학습)에 대해
들어본 적이 있는가?

YES / NO

인공지능을 활용해 문제를
해결할 수 있는가?

YES / NO

사회의 변화를 따라
가고 싶은가?

YES / NO

먹고 살기 위해
노력할 것인가?

YES / NO

인공지능
마스터

인공지능
청소년

인공지능
어린이

인공지능
신생아

인공지능과
만남 필요

삶의 열정
필요

현재 시점에서 미래가 어떻게 변화할지 정확하게 예측할 수는 없지만, 인공지능이 우리의 삶에 큰 변화를 가져오고 있다는 사실은 지금 이 순간에도 확인할 수 있습니다. 미래를 살아가야 할 우리 모두에게 인공지능을 이해하는 것은 선택이 아닌 필수가 되어가고 있는 것입니다.

문제는 인공지능이란 녀석이 궁금해서 그 실체를 들여다보고 싶은데, 너무나 넓은 바다처럼 그 영역이 방대하여 실체를 파악하기 쉽지 않다는 데 있습니다.

② 인공지능이라는 세상

인공지능을 이해하기 위해 알아야 하는 것들을 소개합니다.

인공지능과 사람의 지능, 그리고 모방

인공지능의 기반이 되는 학문은 무엇일까요? 단순히 '컴퓨터' 또는 '컴퓨터 과학'은 아닐 것입니다. 인공지능은 사람의 사고방식과 학습 과정을 모방하여 만들어진 기술이기 때문에 뇌 과학이나 철학과 같은 사람의 의식에 관해 연구하는 학문과도 연관성이 있음을 알 수 있습니다.

인공지능과 수학

사람의 사고방식을 모방해 사고, 논리, 확률 등을 구현하기 위해서는 과학적인 접근이 필요했습니다. 그래서 일정 수준의 수학적 공식과 증명이 필요합니다. 뒤에 이야기할 딥러닝은 인간의 신경망을 모방한 것인데, 인공지능을 연구하는 학자들은 신경망을 설계할 때 컴퓨터 과학뿐만 아니라, 수학의 힘도 빌리고 있습니다. 예를 들어, 인공지능을 학습시키는 데 쓰이는 수많은 데이터들은 '행렬' 방식으로 표현되고, 그 학습 과정에서 '벡터' 형식을 사용합니다. 인공지능을 인공지능답게 만들어 주는 필수 학문이 수학이라고 할 수 있습니다.

인공지능과 통계, 그리고 데이터 과학

데이터를 사용해 문제에서 해답을 찾는 과정, 방법, 기술적 차이에 따라 불리는 용어가 다릅니다. 기계학습, 빅데이터 분석, 데이터 마이닝, 데이터 과학 등 비슷한 용어는 일부 내용이 중첩되어 있으며, 우선순위를 따질 수는 없습니다. 중요한 것은 이 모든 것이 인공지능과 깊은 관련이 있다는 것입니다. 통계학, 데이터 과학, 데이터 분석 등이 인공지능의 부모라면, 인공지능은 데이터 관련 모든 기술이 융합된 자식과도 같습니다.

지금까지의 큰 범주만 살펴봐도 인공지능이 얼마나 다양한 분야들과 연결되어 있는지 감이 오시나요?

이미지 인식을 위한 컴퓨터 비전, 사람의 언어 처리를 위한 자연어 처리(Natural Language Processing) 등도 인공지능의 핵심 내용이라고 볼 수 있습니다.

이 밖에도 이 책에서 다루지 않은 인공지능과 관련된 분야는 더 방대함을 밝힙니다.

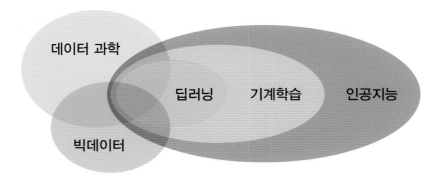

▲ 인공지능과 다양한 분야

3 인공지능에 대해 알아야 하는 이유

여러분은 인공지능을 꼭 배워야 한다고 생각하나요? 컴퓨터 과학자나 프로그래머가 아닌 사람들도 인공지능을 배워야 할까요?

미래를 예측할 수 있을까요? 우리가 미래를 예측할 수 있다면 미래는 두렵지 않을 것입니다. 그러나 미래를 예측하는 것은 쉬운 일이 아닙니다. 그렇다면 우리가 할 수 있는 일은 무엇일까요? 아마도 변화하는 미래에 '대응'하는 것이 아닐까요?

인공지능은 '예측'하는 데 능숙합니다. 따라서 인공지능이 어떻게 발전해 왔고, 언제 어떻게 사용되는지 자세히 살펴본다면 다가올 미래를 예측하고 변화에 대응할 수 있을 것입니다. 미래를 예측하고 준비하는 지름길 중 하나가 바로 '인공지능과의 만남'입니다.

인공지능의 발전으로 세상은 이미 빠르게 변화하고 있으며, 인간의 고유 영역이라고 여겼던 많은 부분들을 인공지능이 대체해 나가고 있습니다. 아마존 물류 센터의 키바(Kiva) 로봇은 인간을 대신해 물류 작업을 담당하고 있고, 사물인터넷(IoT), 클라우드 컴퓨팅, 빅데이터 등이 인공지능과 융합하여 우리 삶에 깊숙이 자리잡고 있습니다.

인류가 과거에는 산업혁명을 통해 '기계 근육'을 만들었다면 현재는 인공지능이라는 '기계 두뇌'를 만들고 있다고 볼 수 있습니다. 기계의 '자동화' 시대에서 '지능화' 시대로 넘어가는 핵심이 바로 인공지능입니다.

④ 인공지능 언플러그드

인공지능과 만나는 가장 쉬운 방법은 무엇일까요?

인공지능은 다양한 학문, 그리고 기술과 연관되어 있으며, 직접 구현해 보기 위해서 파이썬(Python)과 같은 텍스트 기반 프로그래밍 언어를 주로 사용합니다. 그러나 이러한 방법은 인공지능을 처음 시작하는 사람에게는 다소 어려울 수 있습니다.

인공지능을 학습하기 위한 또 다른 방법 중 하나로 인공지능 언플러그드(Unplugged) 활동이 있습니다. 언플러그드란 뉴질랜드의 컴퓨터 과학자 팀 벨(Tim Bell) 교수가 제시한 교수·학습 방법입니다. "플러그를 뽑다."라는 사전적 의미에서 유추할 수 있듯이 컴퓨터를 사용하지 않고 놀이와 활동을 통해 컴퓨터 과학의 원리나 개념을 쉽게 이해하고 학습할 수 있도록 하는 것을 말합니다. 여기에 인공지능의 내용 요소를 결합한 것이 인공지능 언플러그드입니다.

컴퓨터가 있어야만 인공지능을 공부할 수 있는 것은 아닙니다. 인공지능 언플러그드 활동은 인공지능을 공부하기 위한 좋은 출발점이자 안내서가 될 수 있습니다.

놀이와 활동을 통해 인공지능의 원리를 이해할 수 있다는 점은 매우 매력적인 일입니다.

앞으로 이 책에서 다루게 될 인공지능 언플러그드 활동은 다음과 같습니다.

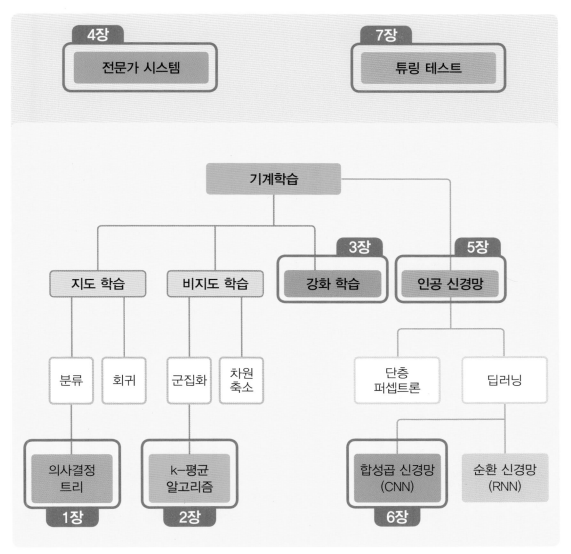

▲인공지능 하위 요소와 교재 내용

이제 준비가 되셨나요?
인공지능의 세계로 함께 떠나봅시다.

1

무는 원숭이를 찾아라!

(의사결정트리 Decision Tree)

의사결정트리는 데이터 분류 및 예측에 주로 사용되는 지도 학습 알고리즘 중 하나입니다. 기계학습을 위해서는 수집된 데이터를 분석하여 주어진 속성들의 조합으로 데이터가 가진 규칙이나 패턴을 나타내야 합니다. 이것을 트리 형태로 만든 것을 의사결정트리라고 하는데 이번 시간에는 이 의사결정트리를 활용한 분류에 대해 알아보겠습니다.

생활 속에서 경험하는 의사결정트리

1 의사결정트리란?

여러분이 어떤 웹사이트에 접속했을 때 내가 사고 싶던 상품의 광고가 나오는 것을 본 적 있나요? 그 웹사이트는 어떻게 내가 그 상품에 관심을 가지고 있는지 알 수 있었을까요?

최근 인공지능(AI)이 발전되면서 동영상 스트리밍 웹 사이트나 공유 웹 사이트 등에 접속하면 사용자가 관심 있어 하는 주제의 영상 목록을 보여 주거나, 보고 싶어 하는 영상을 자동으로 추천해 주는 서비스를 쉽게 접할 수 있습니다. 이러한 서비스에는 기계학습을 통해 의사결정이 자동으로 이루어지는 인공지능 기술이 사용됩니다.

많은 기업들이 의사결정에 데이터와 인공지능을 적극적으로 활용하는 방향으로 변화하고 있으며 인공지능은 인간이 할 수 없는 높은 수준의 분석을 매우 빠르게 할 수 있습니다. 여기에 사용되는 것이 의사결정트리입니다.

2 의사결정트리의 구성

우리가 만들어 볼 의사결정트리는 어떻게 구성되어 있을까요?

의사결정트리는 순환적 분할(recursive partitioning) 방식을 이용하여 트리를 구축하는 기법으로, 트리의 가장 상단에 위치하는 뿌리 마디, 속성의 분리 기준을 포함하는 내부 마디, 마디와 마디를 이어 주는 가지, 그리고 최종 분류를 의미하는 잎마디들로 구성됩니다.

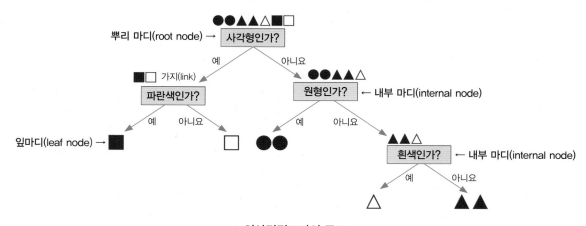

▲ 의사결정트리의 구조

3 의사결정트리 활용 사례

의사결정트리는 생활 속에서 어떻게 활용되고 있을까요?

의사결정트리가 새로운 값을 예측하는 과정은 '스무고개' 놀이 과정을 떠올려 보면 쉽게 이해할 수 있습니다.

'스무고개' 놀이에서는 먼저 한 사람이 특정한 사물이나 사건, 또는 인물이나 장소와 같은 개체 한 가지를 마음속으로 생각합니다. 그러면 나머지 사람들은 그 개체가 무엇인지 알아맞히기 위해 "사람인가요?" 또는 "살아있나요?"와 같은 질문을 최대 20회까지 할 수 있습니다. 그러나 놀이에 능숙한 사람들은 정답을 알아낼 수 있는 몇 개의 예리한 질문을 던져 20회의 질문 기회를 모두 사용하기도 전에 정답을 맞히는 경우가 많습니다.

웹 사이트를 통해서 해 볼 수 있는 이와 유사한 게임으로는 인물을 맞히는 아키네이터(akinator)라는 사이트가 있습니다. 이 프로그램은 내가 생각하고 있는 인물을 몇 번의 질문으로 맞춰버리는 놀라운 성능을 보여 줍니다. 이런 놀이와 마찬가지로 의사결정트리도 새로운 값을 예측하기 위해 이미 만들어진 트리의 기준에 따라 데이터 속성값을 질문하는 작업을 반복적으로 수행합니다. 특히 결정적인 질문을 던지게 되면 다른 모든 속성값을 묻지 않고도 데이터의 값을 정확히 예측할 수 있습니다. 따라서 데이터를 분류하고 예측할 수 있는 트리(모형)를 얼마나 잘 만드느냐가 의사결정트리 기법의 핵심입니다.

▲ 아키네이터(akinator) 인물 맞히기

[출처: https://kr.akinator.com/game]

무는 원숭이를 찾아라!

의사결정트리 (Decision Tree)

개요

컴퓨터는 어떻게 독립적으로 의사결정을 할까요? 어떤 사람이 무엇을 사고 싶어 하는지, 어떤 옷을 입고 싶어 하는지, 무엇을 보고 싶어 하는지 컴퓨터는 어떻게 결정할 수 있을까요?

'데이터 기반'의 의사결정은 일상생활에 자주 활용되고 있습니다. 그렇다면 '데이터 기반 의사결정'이란 무엇일까요? 데이터 기반 의사결정이란 수집한 데이터를 분석해서 결론을 도출해 내는 것입니다.

이번 활동에서 학생들은 훈련 데이터를 이용하여 분류 모델(의사결정트리)을 만들어 보고, 테스트 데이터를 이용해 학생들이 제작한 분류 모델의 정확도를 확인해 볼 수 있습니다. 또한 어떻게 하면 가장 좋은 정확도의 분류 모델을 만들 수 있는지 알아볼 수 있습니다.

준비물

• 원숭이 카드
- 기본 버전 20장(139쪽)
- 심화 버전 40장(기본 버전에 20장 추가)(141쪽)

활동 안내

1. 학생들은 제시된 훈련 데이터를 분석하고 데이터를 분류할 수 있는 의사결정트리를 만들어야 합니다.
2. 작성한 의사결정트리로 훈련 데이터가 올바로 분류되는지 확인합니다.
3. 작성한 분류 모델을 테스트 데이터로 검사하여 예측의 정확도를 확인합니다.
4. 마지막으로 더 정확한 결과를 위해 어떤 수정이 필요한지 생각해 봅니다.

의사결정트리 언플러그드 활동하기

활동 방법을 소개하고 언플러그드 활동을 합니다.

⭐ 상황 설정

우리는 동물원의 사육사이고, 20마리(또는 40마리)의 원숭이에게 먹이를 주어야 합니다. 원숭이는 아주 귀엽지만 어떤 원숭이는 사람을 물기 때문에 먹이를 줄 때 조심해야 합니다. 우리는 여러 번의 경험을 통해 어떤 원숭이들이 물고 어떤 원숭이들이 물지 않는지 이미 알고 있습니다. 그런데 새로운 원숭이들이 이 동물원에 들어올 예정입니다. 그래서 새로운 원숭이들이 무는 원숭이인지 물지 않는 원숭이인지 알아낼 방법을 생각해야 합니다.

⭐ 활동 버전 선택

대상 그룹에 따라 기본 버전은 20개의 그림 카드(파랑)를 선택하고, 심화 버전은 40개의 그림 카드(파랑 + 초록)를 사용합니다. 기본 버전과 심화 버전의 활동 방식은 동일합니다.

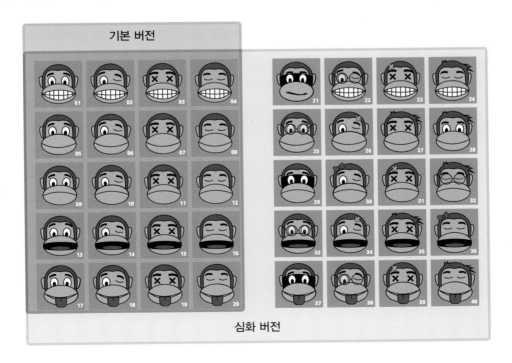

⭐ 원숭이 데이터 안내

❶ 원숭이는 훈련 데이터와 테스트 데이터로 분류됩니다.

❷ 훈련 데이터는 무는 원숭이와 물지 않는 원숭이 2개의 카테고리로 나누어져 있으며, 이 중 훈련 데이터를 기반으로 무는 원숭이인지 물지 않는 원숭이인지 판단하는 분류 기준을 생각해 보게 합니다.

❸ 테스트 데이터는 처음에는 공개하지 않습니다. 학생들에게 훈련 데이터를 바탕으로 의사결정트리를 작성하게 한 이후에 제시하여 정확성을 확인해 보게 합니다.

⭐ 활동 방법 안내

기본 활동

1단계 의사결정트리 개발

❶ 모둠을 구성한 후 훈련 데이터를 제시합니다. 학생들은 예제에서 설명하고 있는 것처럼 원숭이 얼굴에서 구별 가능한 세부 속성을 분석합니다(예 이빨이 보인다. 두 눈을 뜨고 있다. 한쪽 눈만 뜨고 있다. 미소 짓고 있다. 등).

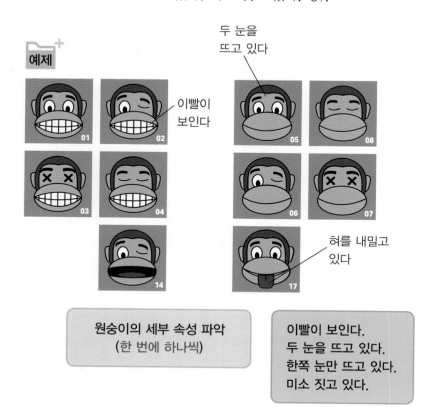

❷ 학생들은 분석한 훈련 데이터의 세부 속성을 질문으로 사용하여 무는 원숭이와 물지 않는 원숭이를 분류하기 위한 의사결정트리를 만듭니다.

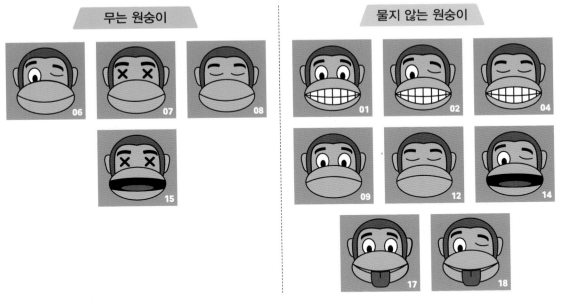

▲ 훈련 데이터

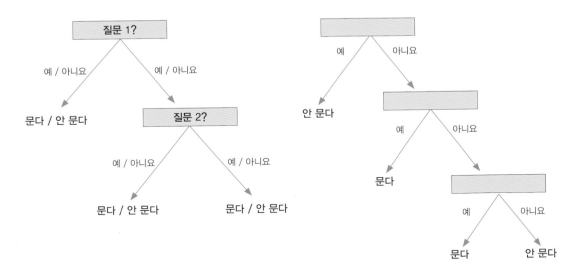

▲ 의사결정트리의 예

❸ 원숭이 훈련 데이터가 트리의 질문(노드)에 따라 무는 원숭이와 물지 않는 원숭이로 정확하게 분류되어야 합니다.

❹ 다른 모둠과 분류 기준을 교환하여 서로 비교해 봅니다.

❶ 학생들에게 훈련 데이터로 제시한 원숭이를 뺀 나머지 원숭이들(테스트 데이터)의 그림을 차례로 보여 줍니다.

▲ 테스트 데이터

❷ 각각의 이미지에 대해 학생들은 모둠별로 개발한 의사결정트리를 사용하여 무는 원숭이인지 물지 않는 원숭이인지 판단한 뒤, 테스트 데이터 정답과 비교하여 정확도를 기록합니다(테스트 데이터 정답은 부록 143쪽에 있습니다.).

※ 아래 그림은 개발한 의사결정트리가 훈련 데이터는 올바로 분류했지만 테스트 데이터는 100% 정확하게 분류하지 못했음을 보여 주는 예시입니다.

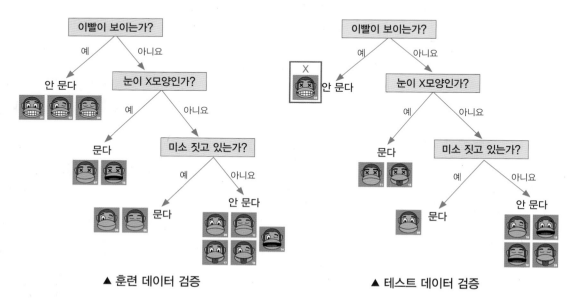

▲ 훈련 데이터 검증　　　　　　　▲ 테스트 데이터 검증

❸ 어느 팀이 무는 원숭이를 가장 잘 추측했는지 평가합니다.

❹ 친구들이 개발한 규칙에 대한 피드백을 기록한 후 다시 교환합니다.

3단계 우수 모델 선택 및 트리 수정

❶ 앞의 예시와 같이 분류 모델이 항상 정확할 수는 없다는 것을 알려 준 후, 어떤 모둠이 테스트 데이터를 가장 잘 분류했는지 확인해 봅니다.

❷ 학생들은 다른 친구들의 피드백과 테스트 데이터의 실험을 바탕으로 의사결정트리를 수정해 본 뒤, '자신의 학습 과정'을 어떻게 설계했는지 설명해 봅니다.

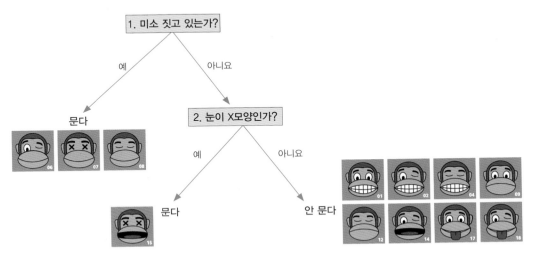

▲ 의사결정트리를 활용한 분류(기본형)

❸ 정리 및 특이점 분석

이번 활동에서 학생들은 동물원 사육사로서 원숭이를 분류할 수 있는 의사결정트리를 개발하는 활동을 진행했습니다. 동물원에서 사육사는 기존에 알고 있던 원숭이들의 속성을 통해 무는 원숭이와 물지 않는 원숭이를 분류할 수 있는 기준을 정하고 원숭이를 다루게 됩니다. 그러한 기준을 통해 새롭게 합류한 원숭이가 무는지, 물지 않는지를 예측하고 접근하게 됩니다. 이러한 분류 기준으로 절대로 물리지 않는다는 보장은 없지만, 그렇더라도 가장 정확도가 높은 분류 기준을 사용하는 것이 현명한 방법입니다.

이러한 방법처럼 의사결정트리는 정답을 알고 있는 데이터들의 속성을 분석하고 분류하는 학습을 통해 새로운 데이터를 분류하고 예측할 수 있는 지도 학습과 밀접한 관계가 있으며, 가장 정확도가 높은 모델을 만들기 위해서는 의사결정트리에 대한 여러 가지 알고리즘에 대해 추가로 알아볼 필요가 있습니다.

이번에는 훈련 데이터와 테스트 데이터의 양을 늘려서 다시 한 번 의사결정트리를 개발해 봅니다. 활동 방법은 동일합니다. 데이터의 양에 따라서 트리의 깊이와 분류 기준이 얼마나 달라지는지 실험하고 그 결과를 토론해 봅니다.

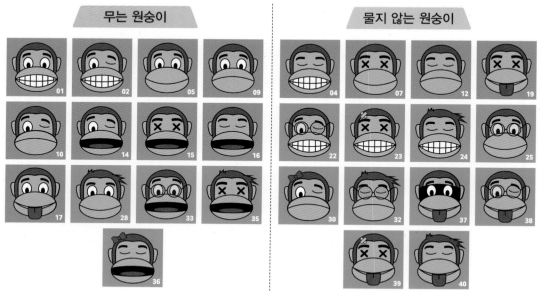

▲ 훈련 데이터(심화 버전)

▲ 테스트 데이터(심화 버전)

심화 버전에서 이미지 21번은 구성 요소의 속성값이 훈련 데이터와 심각하게 다를 때 AI 시스템의 문제를 설명하기 위해 사용됩니다.

 21번 원숭이는 데이터로부터 이끌어 낼 수 있는 명료한 기준이 없습니다. 이 원숭이는 새로운 입모양을 가지고 있으며 우리는 훈련 데이터 분류 과정에서 이와 같은 속성을 본 적이 없습니다. 따라서 입 모양을 기준으로 의사결정트리를 작성했다면 21번 원숭이를 분류할 기준이 없게 됩니다.

이렇듯 여러 가지 상황에서 AI 시스템이 그것을 이해하지 못하고 어떻게 결정할지 모른다면 인공지능이 내리는 결정으로 인해 위험해질 수도 있습니다. 실제 현실에서 적용되는 사례 중 하나인 자율주행자동차는 길에 있는 낙엽들을 위험한 상황으로 인식하고 브레이크를 작동해 버리기도 합니다.

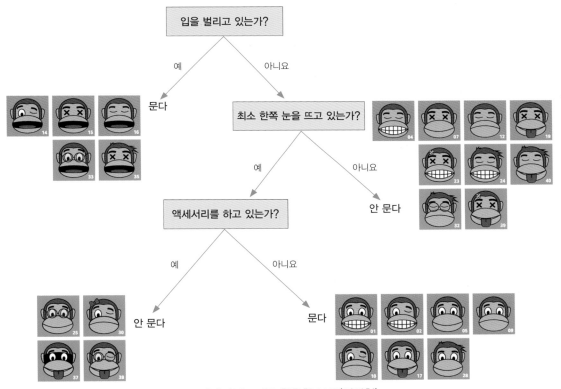

▲ 의사결정트리를 활용한 분류(심화형)

Q&A로 정리하는 활동

앞에서 해 본 의사결정트리 언플러그드 활동에는 어떤 의미가 있을까요?

Q 훈련 데이터와 테스트 데이터로 나누는 이유는 무엇인가요?

A 인공지능 모델을 구축하면 실제 상황에 적용하기 전에 성능 평가를 진행해야 합니다. 모델을 만들 때 주어진 모든 데이터 세트로 학습하고, 그 모델을 다시 동일한 데이터 세트로 평가한다면 새로운 예외 규칙이 없기 때문에 과도하게 높은 성능이 나올 것입니다. 이런 문제를 해결하기 위해 데이터 세트를 훈련 데이터와 테스트 데이터로 나눈 후, 성능 평가 단계에서는 모델 학습에 이용하지 않은 테스트 데이터를 사용합니다.

- 데이터 세트를 나눌 때에는 테스트 데이터보다 훈련 데이터가 더 많아야 합니다. 데이터의 종류와 양에 따라 다르지만 일반적으로 훈련 데이터와 테스트 데이터를 7:3 또는 8:2의 비율로 사용합니다.
- 데이터를 나누기 전에 분류할 클래스가 어느 한쪽에 몰리지 않도록 골고루 섞어야 합니다.

Q 가장 정확도가 높은 의사결정트리를 제작하려면 어떻게 해야 할까요?

A 여기에서는 의사결정트리 알고리즘과 정보 엔트로피의 관계에 대해 알아볼 수 있습니다. 의사결정트리에서는 질문을 하나씩 할 때마다 약간의 정보를 획득하며 정답에 점점 더 다가가게 됩니다.

섀넌의 정보 이론(infomation theory)에서는 이 불확실성을 수치적으로 표현한 값을 엔트로피(entropy)라고 표현하며, 정보 획득량은 질문 이전의 엔트로피에서 질문 후의 엔트로피를 뺀 값입니다. 즉 불확실성의 차이를 정보 획득량이라고 합니다.

> 정보 획득량(infomation gain) = 질문 전의 엔트로피 − 질문 후의 엔트로피

의사결정트리에서는 정보 획득량이 큰 순서대로 질문을 배치하는 것이 중요합니다. 그리고 그 속성을 어느 기준으로 나누는 것이 좋을지 반복적으로 적용해 보면서 최적의 트리를 찾게 됩니다.

세부 속성	물지 않는 원숭이								정보 획득량	무는 원숭이				정보 획득량
미소 짓고 있다.	n	n	n	n	n	n	n	n	0	y	y	y	n	3
이빨이 보인다.	y	y	y	n	n	n	n	n	3	n	n	n	n	0
혓바닥을 내민다.	n	n	n	y	n	n	n	y	2	n	n	n	n	0
두 눈을 뜨고 있다.	y	y	n	n	y	n	n	y	4	n	n	n	n	0
눈이 X모양이다.	n	n	n	n	n	n	n	n	0	y	n	n	y	2

▲ 정보 획득량 비교

의사결정트리의 질문을 배치하기 전에 분류 기준을 정해야 합니다. 훈련 데이터 중에서 물지 않는 원숭이보다 무는 원숭이의 수가 더 적기 때문에 분류에 유리합니다. 따라서 무는 원숭이의 정보 획득량을 기준으로 질문을 배치하는 것이 좋습니다.

다음으로 무는 원숭이를 정보 획득량이 많은 순서로 분석하면 '미소 짓고 있다.'에 해당하는 원숭이가 세 마리, '눈이 X모양이다.'에 해당하는 원숭이가 두 마리입니다. 따라서 그 순서로 질문을 배치하는 의사결정트리를 작성하면 보다 정확도가 높은 트리를 구성할 수 있습니다.

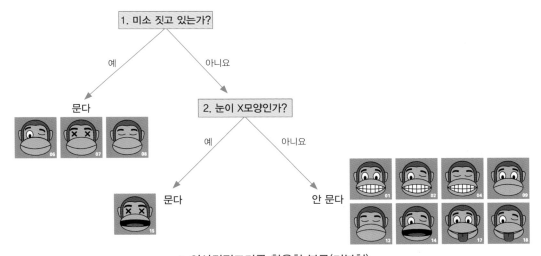

▲ 의사결정트리를 활용한 분류(기본형)

Q 심화 버전을 추가한 이유가 있나요?

A 기본 버전의 훈련 데이터에서 무는 원숭이와 물지 않는 원숭이 카드의 비율에 문제가 있다고 판단할 수 있습니다. 위에서 언급한 정보 획득량의 기준을 쉽게 구분하기 위해 기본 버전으로 활동을 한 후, 심화 버전에서 보다 구체화된 의사결정트리를 작성해 볼 수 있습니다.

활동 속 인공지능 키워드

앞에서 해 본 활동이 인공지능과 어떤 관련이 있을까요? 활동을 통해 알아본 카테고리 형성은 개별 요소들에 있는 반복적인 패턴의 인식에 의해 결정됩니다.

① 지도 학습

인공지능 기계학습 중 지도 학습(Supervised Learning)이란 정답을 알려 주며 학습시키는 것을 말합니다.

이름표가 있는
데이터를 모아요.

입력되는 것과
이름표를 연결하면서
패턴을 찾아요.

패턴에 따라
새로운 데이터에
이름표를 붙여요.

▲ 지도 학습(Supervised Learning)

우리가 정답이 있는 원숭이 데이터(훈련 데이터)를 이용하여 의사결정트리를 만들었던 것처럼 AI 시스템은 데이터와 라벨(이름표)을 관찰하고 서로 어떤 관계가 있는지, 어떤 패턴이 어떤 카테고리(범주)에 일반적인지를 학습합니다. 그런 다음 이 학습된 지식은 새로운 요소를 카테고리로 분류할 때 사용됩니다.

또한 정답을 알지 못한 원숭이들을 우리가 제작했던 의사결정트리를 통해 분류 작업을 해 봤던 것처럼 인공지능은 정답을 알지 못한 상태에서 학습된 AI 모델로 분류하기 때문에 테스트 데이터는 인공지능의 품질을 결정하는 데 사용됩니다.

② 의사결정트리의 장·단점

의사결정트리는 결괏값이 어떻게 나왔는지 분류나 예측의 근거를 알려 주기 때문에 이해하기가 쉽습니다. 수치 데이터형, 범주 데이터형 모두 취급이 가능하며 수학적인 지식이 없어도 결과를 해석하기 용이합니다. 어떠한 속성들이 데이터 분류에 결정적인 영향을 주는가를 쉽게 파악할 수 있으며 모형 구축에 소요되는 시간이 짧습니다. 하지만 트리 모양이 복잡하면 예측력 저하, 해석이 어렵다는 단점이 있으며, 데이터 변형에 민감하여 안정적이지 않습니다. 가장 큰 단점은 과적합(overfitting)의 위험이 높습니다.

③ 과적합

훈련 데이터가 많으면 도움이 될 수 있지만 항상 정확한 결과가 나오지는 않습니다. 왜냐하면, 너무 많은 훈련 데이터는 과적합(overfitting)의 결과를 불러올 수 있기 때문입니다. 과적합이란 훈련 데이터를 과하게 학습하여 모델이 훈련 데이터에는 너무 잘 맞지만 일반성이 떨어진다는 의미입니다. 훈련 데이터에 잘 맞으면 좋은 것이 아닐까라고 생각할 수 있지만 '너무 잘 맞는 것'도 문제가 됩니다.

아래 그림은 빨강과 파랑을 분류해야 하는 모델의 예시로, 초록색 선은 과적합된 모델을, 검은색 선은 일반화된 모델을 나타냅니다. 검은색 선은 빨강색 점과 파랑색 점을 분류함에 있어서 약간의 오류가 있지만 간결한 선으로 분류를 완료했습니다. 초록색 선은 개별 점들을 하나라도 놓치고 싶지 않아서, 이리저리 따라가며 선을 그리게 됩니다. 분류는 모두 되었지만 좋은 모델이라고 할 수 없으며 과적합이 발생하게 됩니다.

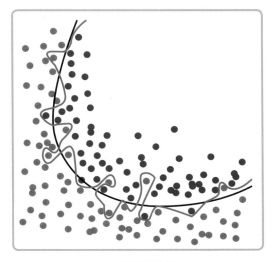

▲ 과적합의 예

이 경우에 AI 시스템은 훈련 데이터를 마치 시험 족보를 외우듯 답을 암기해 버려서 변형된 문제를 해결하지 못하는 것처럼 더 이상 새로운 데이터를 일반화할 수 없게 됩니다. 결국, 과적합은 아래 예시처럼 너무 세밀한 기준으로 훈련 데이터를 분류하면 테스트 데이터로 확인했을 때에는 정확성이 떨어지는 것을 확인할 수 있습니다.

훈련 데이터 분류

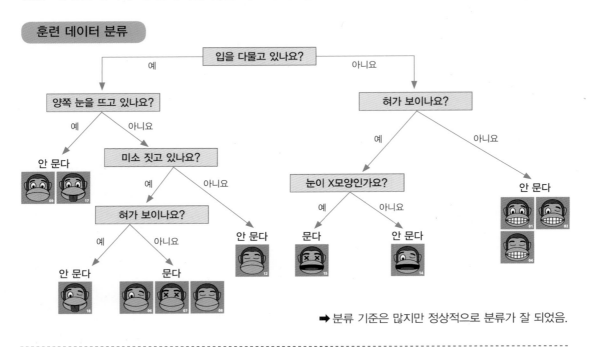

➡ 분류 기준은 많지만 정상적으로 분류가 잘 되었음.

테스트 데이터 검증

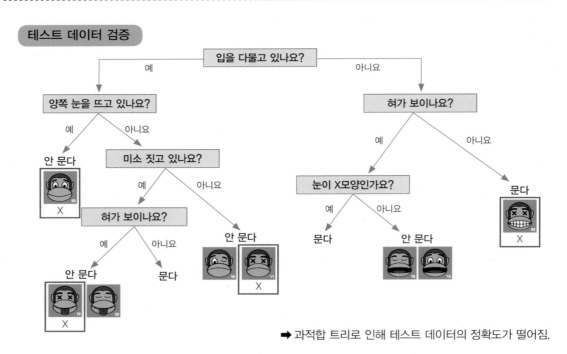

➡ 과적합 트리로 인해 테스트 데이터의 정확도가 떨어짐.

▲ 과적합 트리의 예

● 과적합을 피하는 방법

그렇다면 과적합을 피하기 위해서는 어떻게 해야 할까요?

첫째, 데이터가 부족해서 발생한 경우에는 데이터를 더 많이 모아야 합니다.

둘째, 데이터의 속성이 과도하게 많은 경우에는 속성을 통합시키는 정규화 등을 이용해서 적당한 복잡도를 가지는 모델을 찾아야 합니다.

셋째, 적절한 학습량임에도 불구하고 정확도가 높게 나오지 않는 경우 데이터의 오류를 수정하고 이상치를 제거해야 합니다.

이러한 기계학습의 측면을 언플러그드 활동의 일부로 다루는 것은 인공지능과 매우 연관성이 깊습니다.

테스트 데이터로 규칙을 적용하는 단계에서 학생들이 훈련 데이터 원숭이를 분류하기 위하여 어떤 속성을 사용했는지 설명하도록 해 봅니다. 이를 통해 학생들이 다양한 서로 다른 규칙 세트를 만들었다는 것을 보여 줄 것이며 분류 모델이 모두 같을 수 없다는 것을 알게 됩니다.

또한 분류 모델이 100% 정확하지는 않기 때문에 테스트 데이터를 가장 잘 분류하는 팀 모델이 최종적으로 선택될 것이라는 것을 강조해 줍니다.

가장 중요한 것은 학생들이 '자신의 학습 과정'을 설명하고 어떻게 하면 정확한 분류를 할 수 있는지, 컴퓨터가 어떻게 데이터 기반 의사결정을 하게 되는지를 연관시켜 비교할 수 있도록 해야 하며, 지도 학습의 분류에 대해 다시 한 번 정리할 수 있게 해야 합니다.

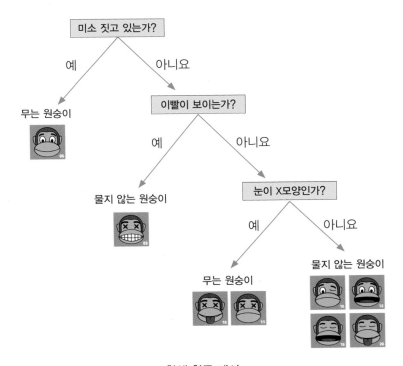

▲ 학생 활동 예시

무는 원숭이를 찾아라! 언플러그드 기본 활동

1 다음 훈련 데이터를 보고 세부 속성을 분석해 봅시다.

무는 원숭이

물지 않는 원숭이

2 무는 원숭이와 물지 않는 원숭이를 분류할 수 있는 의사결정트리를 작성해 봅시다(훈련 데이터가 잘 분류되어야 합니다.).

3 첫 번째 질문을 어떤 기준으로 선정했는지 적어 봅시다.

4 작성한 의사결정트리에 테스트 데이터를 적용하여 그 결과를 확인해 봅시다.

테스트 데이터 결과 (그림 아래 표시하기)							
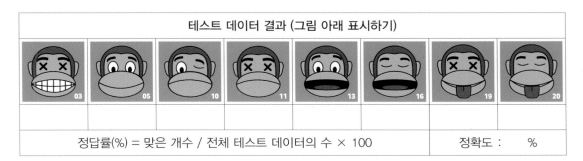							
정답률(%) = 맞은 개수 / 전체 테스트 데이터의 수 × 100						정확도 :　　　%	

5 테스트 데이터 확인 후 작성된 의사결정트리에 대한 의견을 적어 봅시다.

6 친구들의 의견과 테스트 데이터의 실험을 통해 의사결정트리를 수정해 봅시다.

7 의사결정트리를 작성한 과정과 분류의 정확성을 높이기 위해 필요한 것을 정리해 봅시다.

1 다음 훈련 데이터를 보고 세부 속성을 분석해 봅시다.

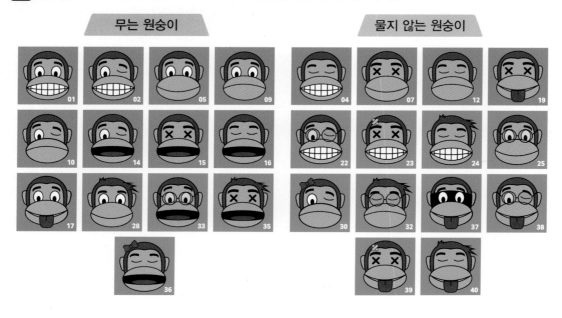

무는 원숭이

물지 않는 원숭이

2 무는 원숭이와 물지 않는 원숭이를 분류할 수 있는 의사결정트리를 작성해 봅시다.

3 첫 번째 질문을 어떤 기준으로 선정했는지 적어 봅시다.

4 작성한 의사결정트리에 테스트 데이터를 적용하여 그 결과를 확인해 봅시다.

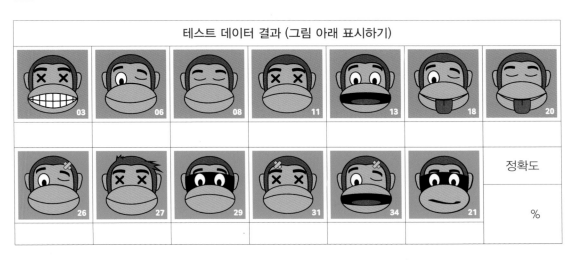

5 테스트 데이터 확인 후 작성된 의사결정트리에 대해 의견을 적어 봅시다.

6 친구들의 의견과 테스트 데이터의 실험을 통해 의사결정트리를 수정해 봅시다.

7 의사결정트리를 작성한 과정과 분류의 정확성을 높이기 위해 필요한 것을 정리해 봅시다.

2

가까운 것끼리
모여라!

(k-평균 알고리즘 k-means algorithm)

비지도 학습은 인공지능이 레이블(label, 정답)이 없는 데이터를 학습하는 방법입니다. 정답이 없기 때문에 인공지능이 스스로 데이터에 숨겨진 규칙이나 특징을 분석하면서 학습해야 합니다. 레이블이 없는 데이터를 인공지능이 어떻게 학습하고 그룹짓는지 알아보겠습니다.

생활 속에서 경험하는 비지도 학습

① 비지도 학습(Unsupervised Learning)

비지도 학습은 지도 학습과 반대로 레이블(label, 정답)이 없는 데이터를 학습하는 방법입니다. 레이블은 사람이 정의하기 때문에 레이블이 있는 데이터를 학습하는 컴퓨터는 사람에게 지도를 받는 것입니다. 하지만 학습해야 할 데이터에 레이블이 없다면 컴퓨터는 사람에게 지도를 받은 것이 아니기 때문에 비(非)지도 학습이라고 합니다.

그렇다면 인공지능은 레이블이 없는 데이터를 어떻게 학습할까요?

인공지능은 그동안 입력받은 데이터를 관찰 및 분석하면서 여러 가지 특징을 찾아내고, 비슷한 특징을 가진 데이터끼리 그룹을 지으며 학습합니다. 이렇게 컴퓨터가 데이터를 스스로 분석하여 그룹 지을 수 있다면 어떠한 상황에 직면하더라도 데이터를 어떤 그룹에 넣어야 하는지 알 수 있게 됩니다. 그리고 새로운 데이터가 입력되었을 때 이 데이터를 기존의 그룹에 넣을 수 있을지 없을지도 판단할 수 있게 됩니다.

현실 세계에서 어떤 데이터를 분류하고자 할 때, 정답을 모르는 경우가 더 많습니다. 따라서 비지도 학습은 많은 분야에서 유용하게 사용됩니다.

이름표가 없는 데이터를 모아요.

비슷한 점과 패턴을 찾아요.

무리 지을 수 있는 것과 그렇지 않은 것을 구분해요.

▲ 비지도 학습(Unsupervised Learning)

② 군집화(Clustering)

비지도 학습의 대표적인 모델이 군집화입니다. 군집화는 데이터를 몇 개의 그룹으로 묶는 것을 말합니다. 비지도 학습에서 입력되는 데이터는 레이블이 없기 때문에 어떻게 그룹을 형성할 것인지가 중요합니다. 군집화의 목적은 레이블이 없는 데이터의 특성을 분석해서 서로 비슷한 특성을 가진 데이터끼리 그룹으로 묶어 주는 것입니다. 데이터에 레이블이 없다는 점을 제외하면 지도 학습의 분류와 목적이 동일합니다. 즉, 군집화는 레이블이 없는 데이터를 분류하는 것입니다.

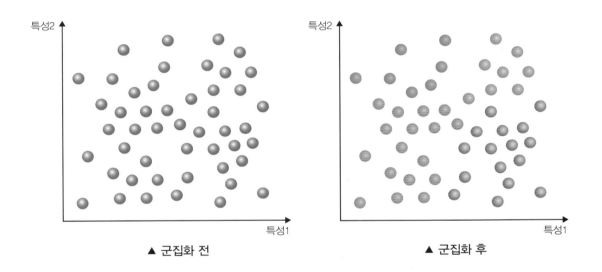

▲ 군집화 전   ▲ 군집화 후

③ 생활 속에서 경험하는 비지도 학습: 내게 맞는 상품 추천

우리 생활 속에는 비지도 학습인 군집화를 활용한 서비스가 상용화되어 있습니다. 그 중 대표적인 것이 내게 필요할 것 같은 상품을 추천하는 서비스입니다. 요즘 온라인 쇼핑몰 사이트를 이용하다보면 '이 상품을 구매한 고객이 함께 구매한 상품'이나 '이 상품을 구매한 고객이 많이 구매한 상품'과 같은 카테고리로 추천 상품을 보여 주는 서비스를 경험할 수 있습니다.

비슷한 데이터를 묶어 그룹화하는 군집화 알고리즘은 나와 비슷한 구매 성향을 가진 사용자들을 그룹 지어 그 사람들이 구매한 상품을 나에게 추천해 주거나, 나의 구매 기록을 기반으로 그와 유사한 다른 상품을 추천해 줍니다.

유튜브나 넷플릭스 등에서 추천해 주는 동영상 콘텐츠 역시 군집화 알고리즘을 적용한 결과물입니다.

어떻게 내게 맞는 상품이나 콘텐츠를 추천하는 것일까요?

기계학습(Machine Learning) 기법 중 하나인 협업 필터링(collaborative filtering) 기법을 사용합니다. 협업 필터링은 사용자의 과거 경향이 미래에도 그대로 유지될 것이라는 것을 전제로 합니다. 협업 필터링은 '사용자 기반 필터링(user-based filtering)'과 '아이템 기반 필터링(item-based filtering)' 두 가지 유형으로 나눌 수 있습니다.

1) 사용자 기반 필터링(user-based filtering)

사용자 기반 필터링은 나와 비슷한 성향의 사용자가 구매한 상품을 나에게 추천하는 방식입니다. 즉, 사용자의 선호도를 분석하여 나와 유사한 성향을 가진 사용자가 구매하거나 선호하는 상품 및 콘텐츠를 추천합니다.

예를 들어 아래 그림과 같이 A사용자가 햄버거와 감자튀김, 콜라를 함께 구매하고, B사용자가 햄버거와 감자튀김을 구매했다면, 알고리즘은 A사용자와 B사용자의 성향이 유사하다고 인식하고 B사용자에게 콜라를 추천합니다.

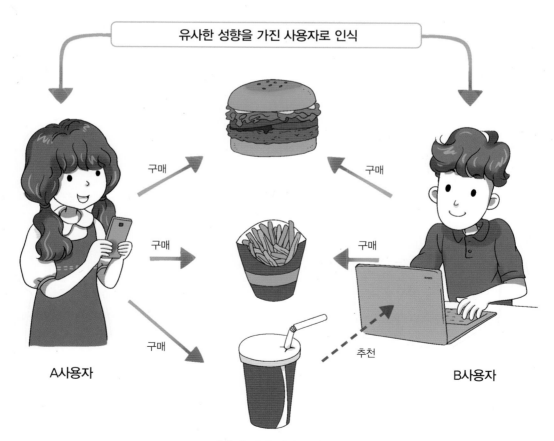

▲ 사용자 기반 필터링의 원리

2) 아이템 기반 필터링(item-based filtering)

　아이템 기반 필터링은 사용자가 이전에 구매했던 아이템을 기반으로 그 상품과 유사한 상품을 추천해 주는 방식입니다. 즉, 아이템이나 콘텐츠 자체 아이템들의 유사도를 기준으로 추천 아이템을 고릅니다.

　예를 들어 온라인 서점에서 인공지능 언플러그드 책을 구매한 사람에게 또 다른 인공지능 책을 함께 추천하는 것입니다.

▲ 아이템 기반 필터링의 원리

가까운 것끼리 모여라

k-평균 알고리즘 (k-means algorithm)

개요

비지도 학습의 대표적인 모델이 군집화이며, 데이터를 군집화하는 가장 일반적인 알고리즘으로는 k-평균 알고리즘이 있습니다. 이 활동은 k-평균 알고리즘의 원리를 체험해 볼 수 있는 활동으로 혼자서도 할 수 있으며, 여러 명이 함께 할 수도 있습니다.

준비물

- 주사위 1개
- 색막대 5개
- 기준 카드 1세트: 1~9까지의 숫자 카드(147쪽)
- 데이터 카드 1세트: 1~9까지의 숫자 카드가 각 6장씩 총 54장(149쪽)

활동 안내

1. 데이터 카드 세트에서 무작위로 30장의 카드를 뽑은 뒤, 숫자가 작은 것부터 큰 순서로 나열합니다.
2. 주사위를 던져서 그룹의 수를 정하고, 그룹의 수만큼 기준 카드 세트에서 카드를 뽑습니다.
3. 기준 카드를 나열해 놓은 데이터 카드 위쪽에 놓고, 데이터 카드의 숫자와 비교하여 가장 숫자 차이가 적은 곳까지를 막대로 구분하여 그룹으로 묶습니다.
4. 각 그룹의 평균을 구하여 나온 수를 기준 카드로 교체합니다.
5. 기준 카드가 더 이상 바뀌지 않을 때까지 반복합니다.

k-평균 알고리즘 언플러그드 활동하기

활동 방법을 소개하고 언플러그드 활동을 합니다.

❶ 데이터 카드(노란색) 세트에서 무작위로 30장을 골라 다음과 같이 숫자가 작은 것부터 큰 순서로 나열합니다.

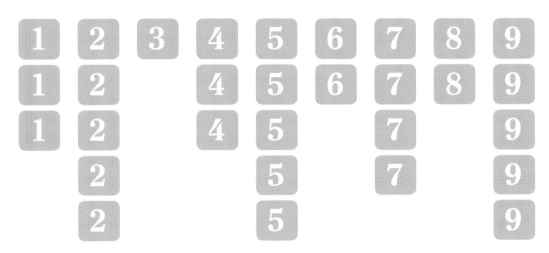

❷ 주사위를 던져 나오는 숫자를 확인합니다. 만약 1이 나왔다면, 1이 나오지 않을 때까지 다시 던집니다.

❸ 주사위를 던져 나온 숫자만큼 기준 카드(파란색) 세트에서 카드를 뽑습니다.
예를 들어 주사위 숫자가 3이 나왔다면, 아래와 같이 기준 카드를 3장 뽑습니다.

❹ 미리 나열해 놓은 데이터 카드 위쪽에 기준 카드를 놓습니다.

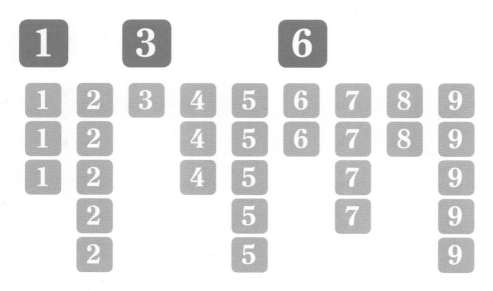

❺ 기준 카드 숫자와 데이터 카드 숫자의 차이가 적은 곳까지를 하나의 그룹으로 묶기 위해 사이에 막대를 놓습니다. 만약 기준 카드와 숫자의 차이가 동일한 카드가 있다면 왼쪽 그룹에 속하도록 막대를 놓아 그룹을 짓습니다. 예를 들어, 아래와 같이 기준 카드 1과 3이 있을 때 데이터 카드 2는 왼쪽인 기준 카드 1의 그룹에 속하도록 데이터 카드 2의 오른쪽에 막대를 놓아줍니다.

❻ 그룹을 나누었다면 각각의 기준 카드 아래에 있는 데이터 카드 숫자의 평균을 구합니다.

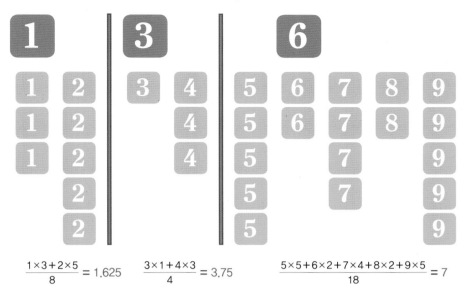

$$\frac{1 \times 3 + 2 \times 5}{8} = 1.625 \qquad \frac{3 \times 1 + 4 \times 3}{4} = 3.75 \qquad \frac{5 \times 5 + 6 \times 2 + 7 \times 4 + 8 \times 2 + 9 \times 5}{18} = 7$$

❼ ❻에서 구한 평균을 소수 첫째 자리에서 반올림하고, 반올림한 숫자가 적혀 있는 기준 카드로 교체합니다.

1.625를 반올림   3.75를 반올림   7을 반올림

❽ 다시 그룹을 나눕니다.

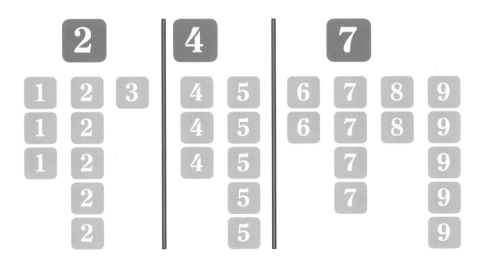

❾ 그룹의 평균을 구한 뒤 기준 카드를 교체하고, 그룹을 나눠 기준 카드 아래에 있는 데이터 카드 숫자의 평균을 구합니다.

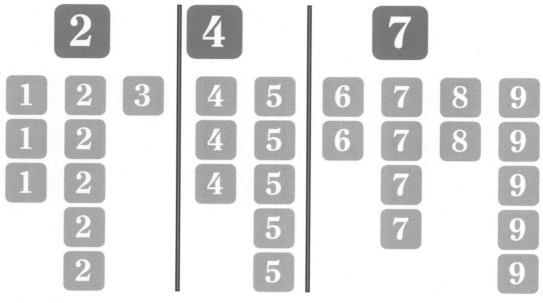

$$\frac{1\times3+2\times5+3\times1}{9} = 1.77\cdots$$

$$\frac{4\times3+5\times5}{8} = 4.625$$

$$\frac{6\times2+7\times4+8\times2+9\times5}{13} = 7.769\cdots$$

1.77⋯를 반올림

4.625를 반올림

7.769⋯를 반올림

2

5

8

❿ 과정 ❹~❼을 반복하여 더 이상 평균이 변하지 않으면 활동을 마무리합니다.

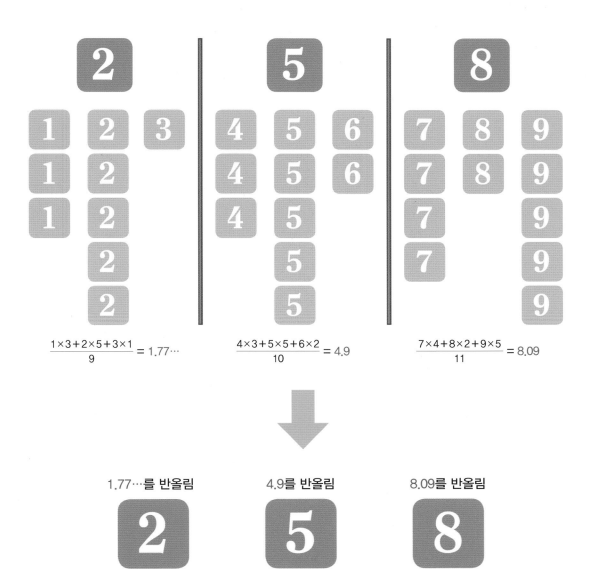

$$\frac{1 \times 3 + 2 \times 5 + 3 \times 1}{9} = 1.77\cdots$$

$$\frac{4 \times 3 + 5 \times 5 + 6 \times 2}{10} = 4.9$$

$$\frac{7 \times 4 + 8 \times 2 + 9 \times 5}{11} = 8.09$$

1.77…를 반올림

4.9를 반올림

8.09를 반올림

결 과

데이터 카드 30장을 무작위로 뽑고, 주사위를 던져 나온 수(3)만큼 뽑은 기준 카드 3장을 데이터 카드 위쪽에 놓고 3개의 그룹으로 나누었습니다. 데이터 카드 30장을 세 그룹으로 나누었을 때, 각 그룹의 중심은 2, 4, 8이 된다는 점을 알 수 있습니다.

Q&A로 정리하는 활동

앞에서 살펴본 k-평균 알고리즘 언플러그드 활동에는 어떤 의미가 있을까요?

Q 주사위의 숫자는 무엇을 의미할까요?

A k-평균 알고리즘에서는 입력된 데이터를 몇 개의 그룹(클러스터)으로 분류할지 정하지 않기 때문에 사람이 임의로 그룹의 수를 정해야 합니다. 이 활동에서 주사위를 던져 나온 숫자는 그룹의 개수를 의미합니다. 주사위의 숫자가 1이 나왔을 때 1이 나오지 않을 때까지 다시 던지는 이유는 1이 나오면 전체가 하나의 그룹이 되어 분류의 의미가 없어지기 때문입니다.

Q 기준 카드는 무엇을 의미할까요?

A 그룹의 수가 정해지면 각 그룹마다 초기 중심을 정해야 합니다. 이때, 초기 중심도 임의로 정하기 때문에 이 활동에서는 기준 카드(파란색)를 주사위를 던져 나온 숫자만큼 뽑아 이를 중심으로 사용하였습니다. k-평균 알고리즘에서 사용되는 중심은 데이터가 자신이 속하게 될 그룹을 결정하는 기준이 되며, 학습이 진행되면서 각각의 그룹마다 최적의 중심으로 이동하게 됩니다.

Q 데이터 카드를 30장 뽑은 이유는 무엇인가요?

A 데이터 카드 50장은 데이터를 표현한 것입니다. 따라서 50장의 카드는 50개의 데이터를 의미합니다. 이 활동에서는 30개의 데이터를 사용하기 위해 무작위로 30장의 카드를 뽑았지만, 데이터의 양을 조절하고 싶은 경우 데이터 카드를 뽑는 개수를 변경할 수 있습니다.

Q 데이터 카드를 기준 카드의 숫자와 비교하여 가장 가까운 숫자가 적힌 기준 카드 아래 내려놓는 이유는 무엇인가요?

A 데이터 카드는 그룹 지어져야 할 데이터를 의미합니다. k-평균 알고리즘에서는 가장 가까이에 있는 중심을 자기 그룹의 중심으로 생각합니다. 따라서 데이터 카드의 숫자를 기준 카드 숫자와 비교하여 숫자가 가장 가까운 카드 아래 놓는 것입니다.

Q 평균을 구하는 이유는 무엇인가요?

A k-평균 알고리즘의 핵심은 최적의 중심을 구하는 것입니다. 초기에 임의로 중심을 정했기 때문에 k개의 그룹이 정해지면 각 그룹에 속한 데이터 값의 평균을 구해 새로운 중심을 정합니다. 새로운 기준에 따라 다시 데이터 카드를 가장 가까운 숫자가 적힌 기준 카드 아래에 놓습니다. 이 과정을 반복하여 더 이상 중심이 바뀌지 않는 시점이 오면 k개의 그룹이 모두 최적의 중심을 찾은 것이기 때문에 활동이 끝납니다.

활동 속 인공지능 키워드

1 k−평균 알고리즘(k−means algorithm)

k−평균 알고리즘은 레이블이 없는 데이터들을 군집화하는 방법 중 하나입니다.

k−평균 알고리즘에서 사용하는 데이터는 클러스터가 몇 개인지 알 수 없기 때문에 분류할 클러스터 수를 임의로 정해야 합니다. k−평균에서 k는 클러스터의 개수를 의미합니다. 클러스터의 개수를 결정했다면 그 개수만큼 초기 중심을 임의로 설정합니다.

❶ 임의로 정한 k개의 초기 중심과 각 데이터간의 거리를 계산하고, 가장 가까이에 있는 초기 중심을 데이터의 중심으로 정합니다.

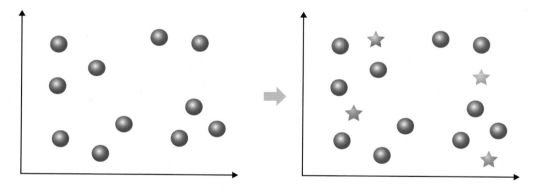

❷ 각 클러스터에 속한 데이터의 평균값을 구한 후, 평균값을 바탕으로 새로운 중심을 설정합니다.

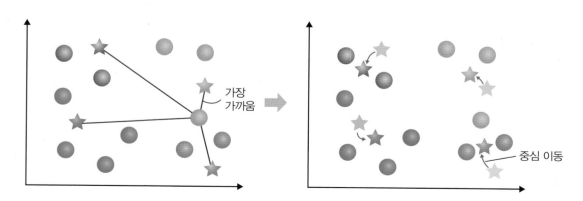

❸ 이제 다시 새로운 중심과 각 데이터간의 거리를 계산하고, 가장 가까이에 있는 중심을 데이터의 중심으로 정합니다.

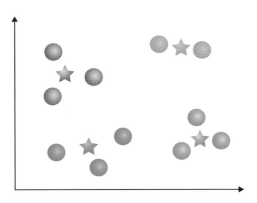

❹ 이 과정을 계속 반복하면 더 이상 중심의 이동이 이루어지지 않는 상태에 도달합니다. 해당 중심에 속하는 데이터들의 군집화가 완료되었다는 의미입니다.

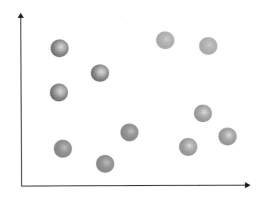

　k-평균 알고리즘은 데이터를 군집화하는 데 있어 쉽고 간결하다는 장점이 있습니다. 하지만 거리를 기반으로 하기 때문에 속성의 수가 많아지면 군집화의 정확도가 떨어질 수 있다는 단점이 있습니다. 또한 초기 군집은 사람이 임의로 정해야 하는데, 몇 개로 할지 결정하는 것이 쉽지 않고 군집을 어떻게 선택하는지에 따라 결과가 달라져 원하는 결과를 얻지 못할 수도 있습니다. 또한 데이터의 속성이나 종류에 따라 그 과정이 매우 복잡해 질 수 있습니다.

k-평균++(k-means++) 알고리즘

　k-평균 알고리즘은 초기 중심을 임의로 정하기 때문에 데이터가 군집하는 데 시간이 오래 걸리거나, 군집화가 제대로 이루어지지 않을 수 있습니다. 이러한 단점을 보완하기 위해 등장한 알고리즘이 바로 k-평균++ 알고리즘입니다.

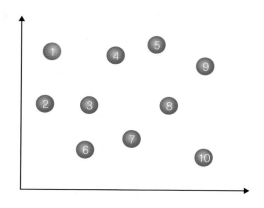

❶ k-평균++ 알고리즘은 첫 번째 데이터를 첫 번째 클러스터의 중심으로 정합니다.

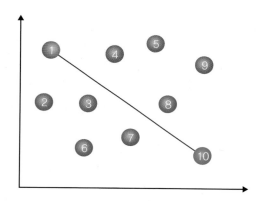

❷ 첫 번째 클러스터의 중심에서 가장 거리가 먼 데이터를 두 번째 클러스터의 중심으로 정합니다.

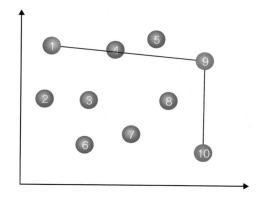

❸ 그 다음 클러스터의 중심은 ❶, ❷에서 정한 클러스터의 중심에서 가장 거리가 먼 데이터로 정합니다.

3 k-평균 알고리즘의 역사

k-평균 알고리즘(k-means algorithm)이라는 용어는 1967년 미국 캘리포니아대 교수였던 제임스 맥퀸 교수가 그의 논문 'Some Method for Classification and Analysis of Multivariate Observations'에서 처음으로 사용하였습니다. 이 논문에서 맥퀸은 k-평균 알고리즘을 'N차원의 모집단을 표본의 속성에 따라 k개 세트로 나누는 과정'이라고 정의하였습니다. 또한 k-평균 알고리즘은 쉽게 프로그래밍할 수 있고, 경제적인 연산이 가능하기 때문에 디지털 컴퓨터에서 대량의 표본을 처리하는 데 있어 실현 가능성이 높다고 하였습니다.

논문을 발표할 당시 맥퀸 교수는 k-평균 알고리즘의 용도 5가지를 제시하였으며, 현재는 이 범위를 넘어서 폭넓게 활용되고 있습니다.

▲ 유사 집단 클러스터링(군집화)
▲ 관련 집단 분류
▲ 일반 분포 근사
▲ 다변량 내 독립성을 위한 차원 테스트
▲ 거리 기반 분류 트리

k-평균 알고리즘이라는 용어는 맥퀸 교수가 처음 사용하였으나, 1957년 벨 연구소의 스튜어트 로이드가 이미 개발하여 사용 중인 알고리즘이었고, 1965년에는 에드워드 포지가 비슷한 알고리즘을 발표하기도 하였습니다. 그래서 k-평균 알고리즘을 로이드 알고리즘 또는 로이드-포지 알고리즘이라고 부르기도 합니다.

다음 순서를 따라 활동해 봅시다.

1 데이터 카드 세트에서 무작위로 30장을 골라 작은 숫자부터 순서대로 나열합니다.

2 주사위를 던집니다. 주사위를 던져 나온 숫자는 무엇인가요? (　　　)

3 주사위를 던져 나온 숫자만큼 기준 카드 더미에서 카드를 뽑습니다.

4 뽑은 기준 카드를 **1**에서 미리 나열해 놓은 데이터 카드 위쪽에 놓습니다.

5 기준 카드 숫자와 데이터 카드 숫자를 비교하여 가장 숫자의 차이가 적은 곳까지를 하나의 그룹으로 묶기 위해 사이에 막대를 놓습니다.

6 각 그룹의 데이터 카드 숫자의 평균을 구합니다(소수 첫째 자리에서 반올림합니다.).

7 **6**에서 구한 평균값으로 기준 카드를 교체하고, 다시 그룹을 나눕니다.

8 기준 카드가 바뀌지 않을 때까지 반복합니다.

9 몇 개의 그룹으로 나누었나요? (　　　　)
최종 결정된 기준 카드의 숫자들은 무엇인가요? (　　　　　　　　　　)
최종 그룹지어진 카드의 모습을 그려 보세요.

Q 주사위를 던져서 1이 나오면 다시 던지는 이유는 무엇일까요?

3

AI 로봇을 이겨라!

(강화 학습 Reinforcement Learning)

아이에게 걸음마를 가르칠 때 다리를 어떤 각도로 얼마만큼 움직이고 힘은 어떻게 줘야 하는지 가르쳐 주지 않습니다. 아이는 실제 여러 번 걷다가 넘어지기도 하면서 걷는 방법을 몸으로 익힙니다. 강화 학습도 이처럼 수많은 시도를 하면서 스스로 최적의 결과를 찾는 방식입니다.

생활 속에서 경험하는 강화 학습

① 강화 학습이란?

여러분은 보드 게임이나 비디오 게임을 어떤 식으로 배우나요? 아마도 다른 사람들이 게임하는 것을 보거나, 특정 행동이나 움직임이 게임 상황에 어떤 영향을 미치는지 알아보고 배울 것입니다.

사람은 반복적으로 게임을 하다보면 특정 상황에서 어떤 움직임이 가장 성공적인지에 대한 전략을 개발할 수도 있고, 터득한 노하우로 게임을 더 잘할 수 있게 됩니다. 컴퓨터가 게임을 배우는 법도 이와 같습니다.

"어떻게 하면 매 순간마다 좋은 선택을 하여 좋은 보상을 받을 수 있을까? 어떻게 하면 보상들의 합을 최대로 만들 수 있을까?" 이러한 문제 해결에 적합한 기계학습 방법이 **강화 학습**입니다.

강화 학습은 다른 기계학습과 다른 독특한 구성을 가지고 있습니다. 강화 학습에서 에이전트(agent)는 문제를 해결하는 주인공이며 인공지능이라고 이해해도 좋습니다. 환경(environment)에서 얻은 경험과 보상(reward)에 기반하여 현재 상태(state)에서 취할 수 있는 최선의 행동(action)을 배워나갑니다.

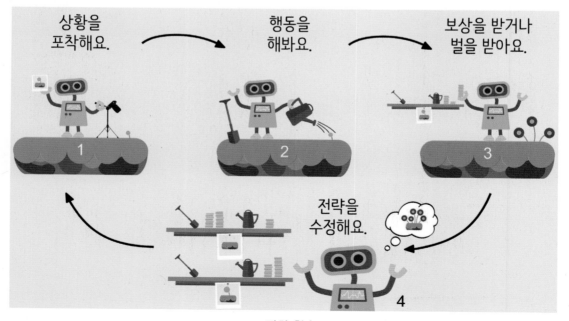

▲ 강화 학습

❷ 우리 생활 속 강화 학습

강화 학습 기반의 딥러닝으로 학습하는 알파고(AlphaGo)는 바둑에서 이세돌을 4:1로 이기면서 전 세계의 관심을 받게 되는 계기를 만들었습니다.

이세돌을 이긴 '알파고 리', 커제를 이긴 '알파고 마스터'가 2017년 딥마인드에서 공식적으로 은퇴 선언을 한지 불과 40일 만에 이전 버전을 능가하는 알파고 제로가 탄생했습니다.

이전의 바둑을 두는 인공지능은 인간의 게임 데이터를 사용했지만 바둑의 규칙만 가지고 학습하는 알파고 제로는 3일 만에 '알파고

리'를 100:0으로 제압하고 알파고 마스터의 레벨에 도달하는 놀라운 성과를 나타냈습니다.

현대자동차 그룹이 인수한 '보스턴 다이내믹스'가 제작한 아틀라스라는 휴머노이드 로봇은 복잡한 지형에서도 자동으로 자세를 유지하며, 보행 경로를 설정하여 보행할 수 있고, 두 팔로 주위 환경을 조작하는 것은 물론 넘어져도 직접 일어나고 물체까지 들어 올리는 것까지 가능합니다.

강화 학습이 적용되어 이미 실용화된 자율주행자동차는 카메라로 입력된 이미지와 다양한 센서에서 입력받은 데이터를 이용해 사람이 실제로 자동차를 운전할 때 하는 직진, 정지, 후진, 차선 변경 등의 최적의 행동을 찾는 데 활용됩니다.

실제 운전할 때에는 다양한 상황이 발생하기 때문에 컴퓨터에게 일일이 운전하는 방법을 가르치는 것은 불가능합니다. 하지만 강화 학습을 활용하면, 운전 훈련을 반복하는 과정에서 받은 보상을 통해 운전하는 방법을 스스로 배우게 되는 것입니다.

AI 로봇을 이겨라!

강화 학습 (Reinforcement Learning)

개요

이세돌과 격전을 치른 구글의 알파고(AlphaGo)의 등장 이전까지만 해도 사람들은 바둑은 오직 사람만이 고수가 될 수 있는 복잡한 게임이라 생각했습니다. 이렇게 기대 이상의 실력을 보여 준 구글의 알파고는 강화 학습(Reinforcement Learning) 기반으로 학습합니다.

이번 활동에서는 컴퓨터가 단순한 게임 규칙만 알고 있는 상태에서 어떻게 강화 학습을 통해 게임에서 승리할 수 있는 전략을 학습하는지 알아보겠습니다.

준비물

• 한 모둠(2명씩) 당 미니 체스판 1개, 사람 말 3개, AI 로봇 말 3개(157쪽)

• 4가지 색상의 과자(초콜릿, 사탕 등) 또는 종이 토큰 (157쪽)

• AI 로봇 움직임 규칙판 1개(159~163쪽)

활동 안내

1. 2명의 학생들이 AI 로봇과 사람의 역할을 맡아 '미니 체스' 게임을 합니다.

2. 사람 역할을 맡은 학생은 기본 규칙 내에서 자유롭게 움직입니다.

3. AI 로봇 역할을 맡은 학생은 AI 로봇 움직임 규칙판을 토대로 무작위로 움직이면서 강화 학습 토큰 시스템을 통해 체스의 전략을 학습합니다.

4. 전략을 학습한 인공지능과 그렇지 않은 인공지능의 움직임이 어떻게 다른지 알아봅니다.

강화 학습 언플러그드 활동하기

활동 방법을 알아보고 언플러그드 활동을 합니다.

⭐ 활동 준비

❶ 체스판 1개, 사람 말 3개, AI 로봇 말 3개, 4가지 색상(빨간색, 노란색, 파란색, 초록색)의 과자(초콜릿, 사탕 등) 또는 종이 토큰(색상 당 토큰 약 20개씩)을 준비하고 게임 카드와 토큰은 가위로 오립니다.

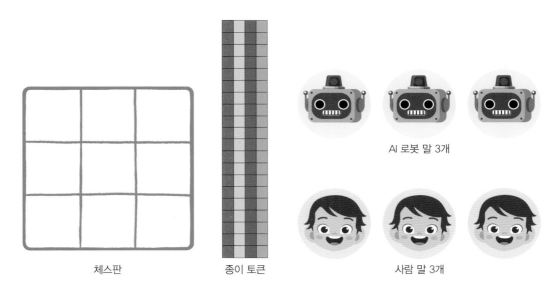

체스판　　　　　종이 토큰　　　　　　　　　　사람 말 3개

AI 로봇 말 3개

❷ AI 로봇 움직임 규칙판을 AI 로봇 플레이어(컴퓨터 역할) 앞에 놓습니다.

❸ 종이 토큰을 준비하여 AI 로봇 움직임 규칙판 위에 올려놓습니다. 화살표들이 그려진 그림 옆 빈 공간에 화살표와 같은 색깔 당 하나씩 토큰을 배치합니다.

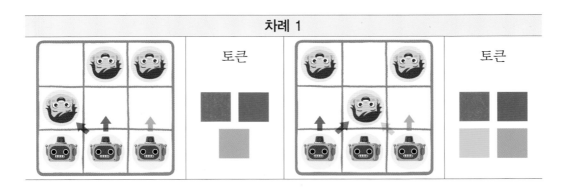

차례 1			
	토큰		토큰

❶ 먼저, 사람의 역할을 할 학생과 컴퓨터 역할인 AI 로봇을 담당할 학생을 정합니다. 게임을 진행하며 역할을 변경해도 무방합니다. 역할이 정해지면 사람과 AI 로봇은 자신의 말을 다음과 같이 3×3 미니 체스 게임판의 자신의 영역에 둡니다.

게임 시작 전 체스판

❷ 기본 움직임을 알아보겠습니다. 사람과 AI 로봇 말은 체스의 폰(pawn, 장기에서 졸)처럼 움직입니다. 말들은 앞으로만 움직일 수 있으며 상대 말을 대각선으로 공격해 제거할 수 있습니다. 앞에 다른 말이 있으면 앞으로 이동할 수 없고 빈칸의 경우에는 대각선으로 이동할 수 없습니다.

기본 이동 규칙

❸ 사람 플레이어가 먼저 시작합니다. 사람은 자신의 뜻대로 이길 수 있는 방법을 찾아 게임 규칙에 따라 자유롭게 움직일 수 있습니다. 그 다음은 AI 로봇의 차례입니다. AI 로봇 플레이어(컴퓨터)는 현재 게임 상황과 같은 형태를 학습지의 그림 중에서 찾아내서, 가능한 움직임 중 하나를 골라 실행할 수 있습니다. 아래의 경우는 노란색 또는 빨간색 화살표 중 하나를 골라 이동합니다.

AI 로봇 움직임 규칙판에서 현재 게임 상황 찾아보기

❹ AI 로봇 차례가 왔을 때(순서가 돌아왔을 때) 맞닥뜨리게 되는 상황들은 경우의 수가 정해져 있기 때문에, 원활한 진행을 위해서는 첫 번째 순서에 가능한 행동, 두 번째 순서에 가능한 행동들을 별도로 표시해 주면 좋습니다.

첫 번째 순서에는 상황에 따른 2가지의 움직임이 가능하며, 두 번째 순서에는 10가지의 움직임, 세 번째 순서에는 7가지의 움직임이 가능합니다. 현재 게임 상황과 좌우 대칭되는 형태는 따로 그림을 구분해 놓지 않았습니다(159쪽 부록을 참고하세요.).

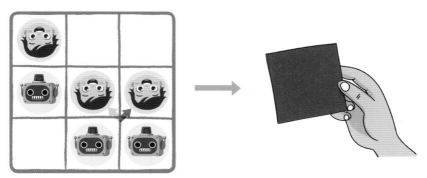

현재 게임 상황을 골라 움직임 선택하기

❺ AI 로봇 플레이어는 눈을 감고 해당 상황의 학습지 옆에 놓인 토큰 중 하나를 무작위로 고릅니다. 그 다음 토큰의 색상과 같은 색상의 화살표에 따라 AI 로봇을 움직입니다. 토큰은 원래 위치에 돌려놓습니다. 아래는 빨간색 토큰을 뽑은 경우입니다.

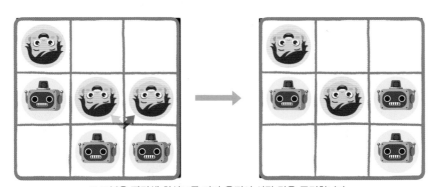

AI 로봇은 빨간색 화살표를 따라 움직여 사람 말을 공격합니다.

❻ 이 절차는 게임의 승자가 결정될 때까지 반복되고 아래와 같은 상황이 오면 승리하게 됩니다.

승리 조건
1. 상대편 시작 지점까지 말이 하나라도 살아서 도착 2. 모든 상대편의 말을 제거한 경우 3. 다음 차례에 상대가 할 수 있는 움직임이 없는 경우

예를 들어, 로봇이 사람의 시작 위치에 도착하면 로봇이 승리하게 되며, 사람이 움직인 후 로봇이 움직일 수 없으면 사람이 승리합니다.

❼ 승자가 가려지고 새 게임을 시작하기 전에 AI 로봇이 승리했다면 마지막 차례에 뽑은 토큰과 같은 토큰을 'AI 로봇 움직임 규칙표' 해당 칸에 하나 추가하고, 패배했다면 마지막 차례에 뽑은 토큰을 해당 칸에서 제거합니다.

새 게임 반복을 줄이기 위해 AI 로봇이 이길 때 같은 토큰을 몇 개씩 더 추가해도 됩니다.

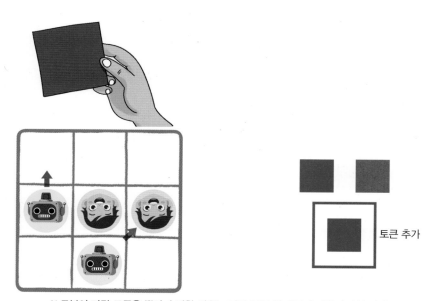

토큰 추가

AI 로봇이 파랑 토큰을 뽑아 승리한 경우는 파랑 토큰 한 개를 추가할 수 있습니다.

궁금해요!

Q&A로 정리하는 활동

앞에서 살펴본 강화 학습 언플러그드 활동에는 어떤 의미가 있을까요?

Q **AI 로봇이 상황에 따라 보지 않고 행동을 선택하는 이유는 무엇인가요?**

A 강화 학습에서 문제를 해결하는 에이전 트(agent)는 환경(environment)에서 얻은 경험과 보상(reward)에 기반하여 현재 상태(state)에서 취할 수 있는 최선의 행동(action)을 배워나가는 것을 목표로 합니다. 즉, 체스판에서 말이 놓인 상태를 알아보고 그 상태에서 취할 수 있는 행동을 했을 경우에 따른 보상을 기반으로 학습하기 때문입니다.

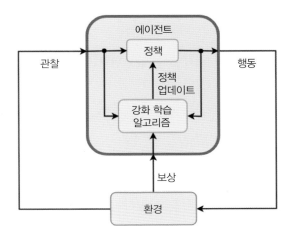

Q **강화 학습을 설명할 수 있는 사례에는 어떤 것이 있을까요?**

A 예를 들어, 우리가 자전거 타는 법을 배울 때, 잘하면 신나게 자전거 타는 기쁨을 얻기도 하고 실패하면 넘어지면서 아픔을 느낍니다. 이와 같이 사전 지식이 없는 상태에서 시행 착오를 통해 배우는 것처럼, 일단 환경에 행동을 가하고 그에 따른 보상 또는 벌칙을 받으며 그 상황에서의 선택에 대한 가치를 배워나가는 것이 강화 학습입니다.

활동 속 인공지능 키워드

① 언플러그드 활동에서 보상과 처벌

처음에는 거의 승리를 못하다가 게임 횟수가 늘어나면서 AI 로봇 플레이어는 승리하게 만드는 움직임이 무엇인지, 어떤 움직임을 피해야 패배하지 않는지 학습하며 승률이 높아집니다.

즉, 컴퓨터는 패배에 대한 처벌과 승리에 대한 보상을 받아 이른바 '강화 학습'을 하게 됩니다. 여기서 처벌은 패배로 이끈 행동들의 토큰 한 개를 제거하는 것이며 강화는 승리로 이끈 행동들에 토큰 한 개를 추가하는 것입니다.

② 강화 학습의 전략

이런 절차는 패배를 초래한 움직임을 제거하기 때문에, 어느 정도 시간이 흐르고 나면 좋은 움직임만 남습니다. 성공하지 못하는 전략은 즉시 제거되지는 않지만 선택 가능성이 약간 줄어듭니다. 이런 식으로 인공지능 시스템은 어떤 전략이 어떤 상황에 가장 적합한지 점진적으로 학습하지만, 성공하지 못한 개별 전략을 즉시 배제해 버리지는 않습니다.

게임에서는 이 절차가 패배로 이어진 움직임을 즉시 제거하는 식으로 단순화되었지만, 이마저도 게임 상황에서 가능한 모든 움직임이 제거되지는 않았습니다. 각 상황마다 즉각적인 패배로 이어지지 않는 행동들이 적어도 하나는 남아 있습니다.

③ 강화 학습으로 배우는 슈퍼마리오 게임

컴퓨터는 게임의 규칙과 가능한 행동만 알아도 게임에서 이기는 법을 배울 수 있습니다. 컴퓨터가 '슈퍼마리오' 비디오 게임을 배우는 경우, 처음에는 무작위로 키를 눌러서 컴퓨터가 몇 분 동안 가만히 멈춰 있거나 같은 적에게 여러 번 당할 수 있습니다. 컴퓨터는 그러한 과정을 통해 게임 내의 오브젝트들과 픽셀들을 분석하고, 그것에 반응하여 행동을 하게 됩니다.

컴퓨터의 목표이자 보상은 게임에서 최대한 높은 점수를 얻는 것입니다. 컴퓨터가 오른쪽으로 멀리 이동할수록 점수가 높아집니다. 또한 시간이 지남에 따라 상대방이 내 바로 오른쪽에 있을 때 점프하면(적을 밟으면) 점수가 높아진다는 사실을 알게 될 것입니다. 이런 식으로 인공지능 시스템의 성능은 게임에서 조금씩 향상되어 항상 보상(혹은 특정 기능)을 극대화하려고 합니다.

학습지 강화 학습 **언플러그드**

1 첫 게임은 누가 이겼나요? 게임이 진행될수록 컴퓨터의 게임 전략은 어떻게 발전했는지 내용을 정리해 봅시다.

첫 게임 승자: _____

컴퓨터 전략 발전: _____

2 이 게임에서 보상과 처벌은 무엇이고, 그렇게 생각한 이유를 써 봅시다.

_____

_____

3 우리 생활에서 강화 학습은 어떤 분야에 활용될 수 있을지 생각해 봅시다.

_____

_____

4 좀 더 강화 학습의 요소를 포함하기 위해 게임 규칙을 어떻게 바꿀 수 있을지 생각해 봅시다.

_____

_____

4

AI의 뿌리를 찾아서

(전문가 시스템 Expert System)

인공지능의 뿌리는 무엇일까요? 이번 활동에서는 인공지능의 학습과는 다른 전통적인 접근법 중 하나인 규칙 기반 전문가 시스템의 장점과 한계점을 확인하겠습니다. 즉, 앞에서 다룬 강화 학습 활동에 이어 이번에는 전문가 시스템 기반 활동을 함으로써 두 활동의 접근 방식이 매우 다르다는 것을 알 수 있을 것입니다.

생활 속에서 경험하는 **전문가 시스템**

① 전문가 시스템이란?

　어떤 문제를 해결해야 하는 데 전문가의 지식이 필요하다면 우리는 어떻게 해야 할까요? 각 분야 전문가의 지식을 쉽게 사용할 수 있다면 얼마나 좋을까요?

　전문가의 전문 지식을 사용하여 문제를 해결하는 방법에는 무엇이 있는지 살펴보겠습니다.

　전문가 시스템(Expert System)이란 특정 분야의 전문가가 가진 전문 지식을 컴퓨터에 집어넣어 일반인도 이 전문 지식을 이용할 수 있는 시스템으로, 인간의 의사 결정을 모방하는 컴퓨팅 시스템입니다.

　여기서 전문가는 일반인이 해결하기 어려운 제한된 분야에서 전문 지식과 풍부한 경험 및 노하우를 가지고 문제를 해결할 수 있는 사람을 뜻합니다.

　전문가의 지식을 어떻게 컴퓨터에 집어넣을 수 있을까요?

　이는 지식의 표현과 관계가 있습니다. 지식은 컴퓨터가 처리할 수 있는 형식으로 표현되어야 합니다. 이를 위한 간단한 예로서, IF−THEN 형식을 들 수 있습니다.

　IF 자동차에 시동이 걸리지 않는다.

　THEN 먼저 자동차 배터리가 방전되지 않았는지 확인한다.

　위와 같은 형식의 표현을 **생성 규칙** 또는 **규칙**이라고 합니다.

　전문가 시스템은 사실이나 규칙과 같은 지식을 표현할 때 IF−THEN과 같은 형식을 사용하여 추론하기 때문에 수치 데이터는 물론 질적인 데이터도 효과적으로 다룰 수 있습니다.

　이렇게 구현된 전문가 시스템은 특정 전문 분야에서 높은 성능을 가지고 신속한 문제 해결책을 제공하는 시스템으로서 대표적인 인공지능의 응용 분야로 꼽힙니다.

② 전문가 시스템 활용 사례

전문가 시스템은 어떻게 만들어졌을까요? 그리고 어디에 활용될까요?

전문가 시스템은 1965년 스탠포드 대학교의 에드워드 파이 겐 바움이 이끈 연구팀에 의해 처음 제안되었습니다. 스탠포드 연구팀은 전염병을 진단하는 마이신(Mycin)과 유기 분자를 식별하는 덴드럴(Dendral)이라는 전문가 시스템을 개발하였습니다.

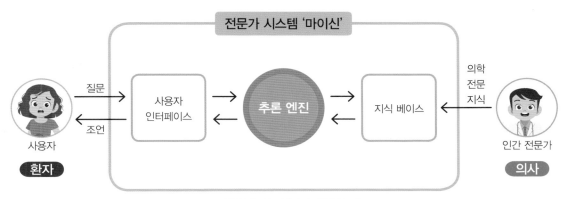

▲ 전문가 시스템 '마이신'의 예

이와 같이 의료 분야나 생화학 분야에서 시작한 전문가 시스템은 이외에도 다양한 분야에서 활용됩니다.

예를 들면, 기계 설비나 항공기, 자동차 생산 간의 고장 여부를 진단하는 데 사용됩니다. 또는 회사 경영에서의 의사결정이나 세무 자문을 하는 등 인간의 전문적인 지식을 필요로 하는 여러 분야에서도 성공적으로 활용되고 있습니다.

▲ 자동차의 결함을 진단하는 전문가 시스템

▲ 회사 경영에서 의사결정을 돕는 전문가 시스템

AI의 뿌리를 찾아서(미니 체스 게임)

전문가 시스템 (Expert System)

개요

컴퓨터에게 보드 게임이나 비디오 게임을 시키려면 어떻게 프로그래밍해야 할까요? 컴퓨터가 보드 게임이나 비디오 게임을 하려면 게임의 규칙을 이해할 수 있도록 컴퓨터가 처리할 수 있는 방식으로 규칙을 표현해야 합니다.

이 활동은 강화 학습 언플러그드 활동과 같이 학생들이 주어진 규칙에 따라 미니 체스 게임을 합니다. 그러나 강화 학습 언플러그드 활동과는 다르게 컴퓨터 역할을 맡은 학생이 이동 규칙표에 따라서만 플레이해야 합니다.

몇 번의 게임을 마치고 미니 체스 게임을 확장(3×3 크기의 체스판 → 4×4 크기의 체스판)하여 직접 규칙을 만들어 봅시다.

이 활동을 통해 전문가 시스템의 장점과 단점에 대해 생각해 봅시다.

준비물

- 미니 체스판(3×3, 4×4), 사람 말 4개, AI 로봇 말 4개(165쪽)
- AI 로봇 이동 규칙표(3×3)(167쪽), 빈 이동 규칙표(4×4)(169쪽)

활동 안내

1. 두 학생이 짝이 되어 '미니 체스' 게임을 합니다.
2. 이때 AI 로봇 말을 가진 학생은 컴퓨터 역할을 하고, 사람 말을 가진 학생은 사람 역할을 합니다.
3. '컴퓨터' 역할을 맡은 학생은 미리 정의된 이동 규칙표에 따라서 플레이합니다. '사람' 역할을 맡은 학생은 게임 규칙을 따르되 자유롭게 움직일 수 있습니다.
4. 각각의 말은 체스의 '폰'처럼 움직입니다. 즉, 각 카드는 앞으로만 움직일 수 있으며, 대각선으로만 상대를 공격할 수 있습니다.
5. 시작은 '사람' 말을 가진 학생이 먼저 시작합니다.
6. 승자가 결정될 때까지 게임을 하며 게임을 몇 차례 반복합니다.

전문가 시스템 언플러그드 활동하기

활동 방법을 소개하고 언플러그드 활동을 합니다.

모둠 구성 학생 2명이 하나의 모둠을 구성합니다. 한 학생은 사람 말을 갖고, 다른 학생은 AI 로봇 말을 갖습니다.

모둠 역할 사람 말을 가진 학생은 사람 역할을 하고, AI 로봇 말을 가진 학생은 컴퓨터 역할을 맡습니다.

⭐ 활동 방법 안내

기본 활동 3×3 체스 게임하기

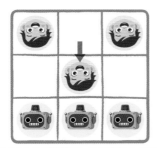

❶ 사람 말을 가진 학생(사람)이 먼저 자유롭게 한 칸 이동합니다.

❷ AI 로봇 말을 가진 학생(컴퓨터)이 이동 규칙표에서 해당 체스판 상황을 찾아 동일하게 이동합니다.

❸ 사람 말을 가진 학생(사람)이 이어서 자유롭게 이동합니다.

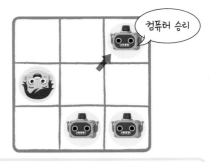

❹ AI 로봇 말을 가진 학생(컴퓨터)이 이동 규칙표에서 해당 체스판을 찾아 제시된 규칙대로 이동합니다.

＊체스판 말의 상황이 세 가지의 승리 조건 중 한 가지에 해당하게 되면 한 번의 게임이 종료됩니다.

❶ 게임 규칙

이 게임은 간단한 체스 규칙을 따르고, 강화 학습 언플러그드 활동과 기본적으로 동일한 조건을 가집니다. 각각의 카드는 체스의 '폰'처럼 앞으로 한 칸만 움직이거나 앞쪽 한 칸의 대각선으로만 상대를 공격할 수 있습니다.

▲ 게임 시작 전 배치 상태

게임 준비 과정에서 AI 로봇 플레이어는 아래의 이동 규칙표를 받아 이 이동 규칙표에 따라서만 플레이합니다(각 경우는 좌우 대칭인 상황을 하나의 경우로 보면 됩니다.).

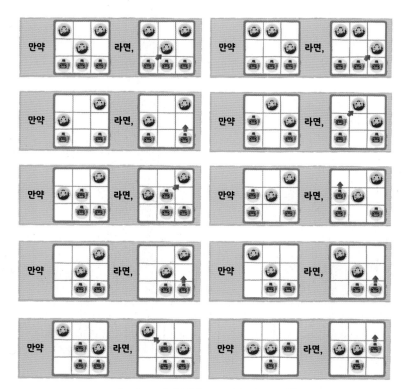

▲ 3×3 크기에서의 AI 로봇 이동 규칙표

❷ 승리 조건

플레이어가 승리하는 경우는 다음과 같이 세 가지가 있습니다.

〔상황 1〕 상대편 시작 지점까지 말이 하나라도 살아서 도착한 경우

〔상황 2〕 모든 상대편의 말을 제거한 경우

〔상황 3〕 다음 차례에 상대가 움직일 수 있는 말이 없는 경우

〔상황 1〕

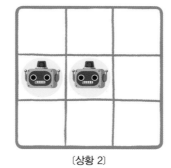

〔상황 2〕

〔상황 3〕

▲ 플레이어의 승리 조건(세 가지)

예를 들면, 〔상황 1〕에서와 같이 사람말이 반대편 끝까지 이동한 경우 사람은 게임에서 승리하게 됩니다. 〔상황 2〕에서는 AI 로봇이 사람를 모두 물리쳤으므로 AI 로봇의 승리이며, 〔상황 3〕에서는 만약 다음 차례가 사람이라면 체스 규칙에 따라 더 이상 이동하거나 공격할 수 없으므로 사람의 패배(AI 로봇의 승리)입니다.

[2단계] 게임 진행하기

사람이 먼저 이동을 시작하고, 게임의 규칙에 따라 자유롭게 움직일 수 있습니다.

다음은 AI 로봇 차례입니다. AI 로봇은 이동 규칙표의 모든 경우(10가지) 중에서 현재의 게임 상황에 해당하는 것을 선택하고 이동합니다.

만약  **라면,**

세 사람 중 가운데 사람이
앞으로 이동했다면,

AI 로봇은 이동 규칙표에 의해 빨간색 화살표를 따라
가운데 사람을 물리칩니다.

▲ 활동 예시

승자가 결정될 때까지 이 절차를 반복합니다. AI 로봇이 이동 규칙표에 의해 항상 이기는지 확인하기 위해 게임을 여러 차례 반복하여 진행합니다(물론 게임을 하는 학생들은 처음에는 이러한 사실을 몰라야 하고 게임이 반복됨에 따라 그 사실을 깨닫게 하는 것이 좋습니다.).

여러 차례의 게임이 진행될 수 있도록 사람 플레이어는(이동 규칙표를 따르는) AI 로봇 플레이어를 이길 수 없음을 깨닫게 됩니다. 사람 플레이어는 왜 AI 로봇 플레이어를 이길 수 없는지와 AI 로봇 플레이어는 왜 이길 수밖에 없는지를 모둠원들과 이야기해 봅시다.

3단계 게임 결과 확인하기

- 각 게임마다 승자가 누구인지 확인한다.
- 사람 플레이어가 이긴 게임이 있었는지 확인한다.
- 사람 플레이어가 패배하는 원인과 AI 로봇 플레이어가 승리하는 이유 등을 서로 이야기해 본다.

심화 활동 4×4 확장 게임 이동 규칙 만들기

앞의 과정들은 3×3 크기의 체스판에서의 게임이기 때문에 보기에 따라서는 매우 간단한 상황들로 보일 수 있습니다.

이제 4×4 크기의 체스판으로 확장하여 제시하고, 3×3 크기의 체스판에서와 달리 더 많은 규칙이 만들어져야 함을 설명합니다(이는 이전의 'AI 로봇을 이겨라(강화 학습)' 활동에서도 마찬가지입니다. 즉, 두 시스템 모두 4×4 크기의 체스판에서는 규칙이 충분하지 않습니다.).

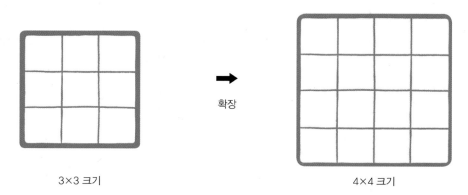

3×3 크기   확장   4×4 크기

학생들은 컴퓨터의 '지식'을 게임의 4×4 크기의 체스판에 적응시키기 위해 어떠한 절차가 더 필요한지 생각합니다. 곧 학생들은 규칙 기반 컴퓨터가 최선으로 움직이기 위해서는 새로운 규칙을 사람이 직접 조정해야 한다는 사실을 깨닫게 됩니다. 이는 새로운 규칙이 규칙 기반 전문가 시스템에 명확하게 추가되어야 함을 의미합니다.

모둠원들은 다음과 같은 활동을 합니다.

> • 이동 규칙표에는 '모든' 이동 가능한 규칙을 작성하는 것이 가능한가?
> • 이동 규칙표를 작성하는 데 어떠한 어려움이 있는가?

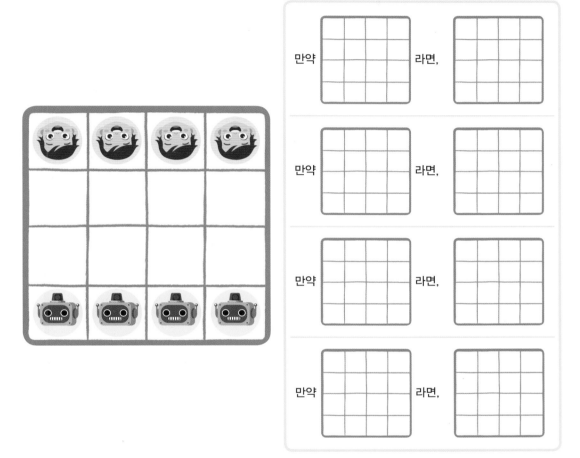

4×4 크기 체스판　　　　　　새로운 이동 규칙표 만들기 활동지

▲ 4×4 크기 확장과 새로운 이동 규칙표 작성하기

　이 활동에서 사람은 가능한 모든 움직임에서 각 게임의 상황에 맞는 최선의 움직임을 결정해야 하고, 모든 규칙을 완전하게 포괄적으로 형식화해야 하는 과제를 안게 됩니다.

　이처럼 새로운 규칙이 늘어나게 된다면 어떻게 될까요? 규칙 기반 전문가 시스템은 형식적인 표현이 더 복잡하게 되고 다단계적인 문제로 확장될 경우 시스템을 구성하는 것이 불가능해지는 문제점에 봉착하게 될 것입니다.

Q&A로 정리하는 활동

'AI 뿌리를 찾아서' 언플러그드 활동은 어떤 의미가 있을까요?

Q 사람은 AI 로봇을 이길 수 있나요?

A `기본 활동`에서는 승리를 위해 잘 짜인 이동 규칙표를 따르는 AI 로봇 플레이어를 사람 플레이어는 이길 수 없는 것을 알게 됩니다. 왜냐하면 모든 경우(10가지)에 대한 승리 전략이 이동 규칙표에 잘 명시되어 있기 때문입니다.

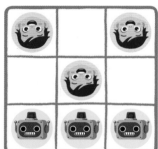

우리는 게임 전문가가 아니더라도 주어진 IF~THEN 형태의 규칙을 쉽게 이해하고 그대로 사용함으로써 게임에 승리하는 결과를 얻을 수 있습니다.

이러한 점은 전문가 시스템의 장점을 잘 드러냅니다. 즉 전문가의 지식을 일반인도 쉽게 사용하고 성공적인 결과를 이끌어 내는 것을 의미합니다.

Q 4×4 체스 게임에서 규칙표를 쉽게 완성할 수 있나요?

A `심화 활동`에서는 체스판의 크기가 확장됨에 따라 고려해야 할 IF~THEN 규칙이 늘어나고, 모든 게임 상황에서의 이동 규칙표를 만드는 일이 매우 방대한 작업임을 깨닫게 됩니다. 역시 이러한 점은 전문가 시스템의 한계를 드러낸다고 볼 수 있습니다.

즉, 규칙이 늘어남에 따라 고려해야 할 점이 점점 늘어남으로써 전문가의 지식은 변경되어야 하고 더 복잡한 상황이 생기게 되면 시스템 개발에 한계가 올 수 있습니다.

Q 이 언플러그드 활동의 의미는 무엇인가요?

A 이 언플러그드 활동의 목적은 다음과 같습니다.

첫째, 잘 짜인 이동 규칙을 기반으로 한 게임을 통해 전문가 시스템이 작동하는 기초 원리를 접할 수 있습니다. 학생들은 이러한 활동을 통해 잘 만들어진 전문가 시스템의 활용 가치를 알 수 있습니다.

둘째, 규칙이 늘어남에 따라 점점 더 복잡해지는 개발 과정을 통해 전문가 시스템의 한계를 깨달을 수 있습니다. 사실 인공지능의 발전 과정에 있어서도 이와 유사한 상황에서 전문가 시스템의 한계가 기계학습의 출현을 불러일으켰다고 볼 수 있습니다. 즉, 수많은 상황 또는 데이터들을 고려해야 하는 상황에서도 기계학습은 스스로 학습하여 최적의 실행 방법을 도출하는 위력을 보여 줍니다.

그러나 기계학습이 이러한 전문가 시스템이나 다른 전통적인 인공지능 응용 프로그램을 넘어선다고 하더라도 지식의 표현 없이는 컴퓨터는 어떤 것도 할 수 없습니다. 따라서 규칙을 생성하고 이를 지식으로 표현하여 시스템을 만들고 활용하는 이상의 활동은 인공지능의 '뿌리'를 찾아가는 의미 있는 활동이 될 것입니다.

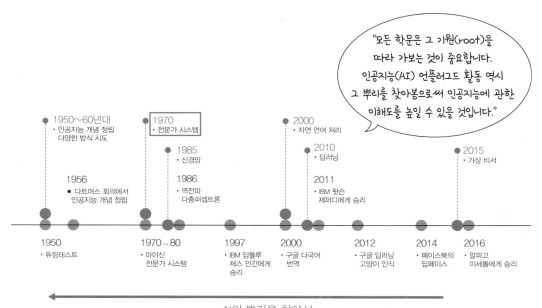

▲ 인공지능의 역사 속 전문가 시스템

[출처 https://images.app.goo.gl/5aey8yuftUwuNo1K7]

활동 속 인공지능 키워드

① 논리와 지식의 처리

인공지능의 뿌리는 논리학에서 찾을 수 있습니다. 또한 컴퓨터 내부에서는 수학적인 표현으로 지식을 형식화하여 이를 사용할 수 있습니다.

지식은 컴퓨터가 처리할 수 있도록 형식적으로(예 수학적인 용어로) 표현되어야 합니다. 이 경우에 컴퓨터는 논리를 이용하여 그것을 평가하고 수행할 행동을 이끌어 낼 수 있습니다.

따라서 인공지능 시스템은 실제로 지능적이지 않지만, 기존의 지식으로부터 행동을 이끌어 내기 위해 다양한 방법들을 능숙하게 사용합니다.

논리와 지식의 처리는 컴퓨터 과학의 많은 분야에서 중요한 역할을 하며, 더 나아가 인공지능의 핵심 주제입니다. 사람이 사용하는 자연어는 수많은 어휘가 사용되는 가운데 모호한 경우가 많아 컴퓨터가 이러한 지식을 처리하는 데 좋은 매개체가 되기 어렵습니다. 따라서 인공지능이 발전을 시작한 이래로 지식을 컴퓨터가 이해할 수 있도록 가장 적합한 표현 방법을 사용하는 것은 매우 중요하다고 볼 수 있습니다.

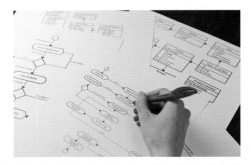

이런 맥락에서 전통적인 인공지능 형태의 접근 방식은 논리를 바탕으로 명확한 지식 표현에 의존합니다. 이는 컴퓨터 처리 과정에 필수적인 것으로, 이와 같은 표현 방법은 오늘날에도 여전히 규칙 기반 전문가 시스템과 같은 상업적 응용 프로그램 등에서도 사용됩니다.

이러한 시스템에서 규칙에 대한 사실과 지식을 나타내는 논리적인 진술은 컴퓨터가 어떻게 행동해야 하는지에 대한 결론을 도출하는 데 자동으로 사용됩니다.

본 과정에서의 언플러그드 활동에서 '사실'은 현재의 게임 상황에 해당할 것이고, '규칙'에 대한 지식은 이동(플레이)을 위한 지시 사항이 될 것입니다.

사실적 근거는 유효한 진술을 나타내는데, 'IF-THEN(만약-(이)라면)' 형식으로 표현된 일련의 규칙은 규칙 베이스를 형성하고 명제 논리로 표현할 수 있습니다.

제어 시스템(추론 엔진)은 사실에 근거해 적절한 규칙을 선택하고 이를 평가해 그에 따라 행동합니다.

② 전문가 시스템의 구성과 특징

전문가 시스템이란 전문가가 지닌 전문 지식과 경험, 노하우 등을 컴퓨터에 축적하여 전문가와 동일한, 또는 그 이상의 문제 해결 능력을 가질 수 있도록 만들어진 시스템이라고 정의할 수 있습니다.

전문가 시스템은 지식 베이스와 추론 엔진을 하위 시스템으로 두는데, 지식 베이스는 사실과 규칙을 담으며, 추론 엔진은 알려진 사실에 규칙을 적용하여 새로운 사실을 추론합니다.

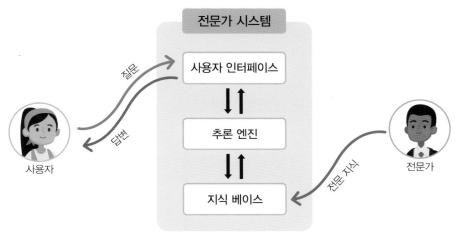

▲ 전문가 시스템의 작동 방식

[출처: https://images.app.goo.gl/Unpce2HMLdFPbaae8]

전문가 시스템은 해당되는 전문 분야에서의 문제 해결력이 우수해야 합니다. 즉, 정확하게 문제를 푸는 것은 물론, 신속하게 과업을 처리할 수 있어야 합니다.

또한 전문가 시스템은 사실이나 개념, 규칙 등의 지식을 IF-THEN과 같은 형식을 사용하여 표현합니다. 따라서 전문가 시스템 이전의 프로그램과는 다르게 양적인 데이터뿐 아니라 질적인 데이터도 손쉽게 다룰 수가 있습니다.

1 게임을 여러 차례 진행한 뒤, AI 로봇 대 사람의 승점을 기록해 봅시다. 누가 많이 이겼나요?

게임 승점: _____

게임 승자: _____

2 **1**의 게임에서 승자가 승리하고 패자가 진 이유는 무엇일까요? 그 이유를 작성해 봅시다.

_____

_____

3 미니 체스 게임의 기본 활동이 전문가 시스템과 어떠한 관계가 있는지 설명해 봅시다.

_____

_____

4 언플러그드 활동을 통해 전문가 시스템의 장점을 생각해 보고 조사해 봅시다.

_____

_____

학습지 전문가 시스템 언플러그드 심화 활동

1 미니 체스판의 크기가 4×4로 확장되었을 때, 이동 규칙표를 새롭게 만들어 봅시다. 규칙을 만들 때 어떤 부분에 중점(전략)을 두어 만들었나요?

_____

_____

2 새로운 이동 규칙표를 만들 때 어려웠던 점을 작성해 봅시다.

_____

_____

3 미니 체스 게임의 심화 활동을 통해 전문가 시스템의 한계가 무엇인지 생각해 보고, 전문가 시스템의 단점이나 한계에는 무엇이 있는지 조사해 봅시다.

_____

_____

4 '전문가 시스템' 언플러그드 활동과 앞에서 배운 '강화 학습' 언플러그드 활동 간의 차이점을 비교해 봅시다.

_____

_____

5

청기 백기 놀이

(인공 신경망 Artificial Neural Network)

최근 인공지능 분야에서 활발히 연구되고 있는 딥러닝은 인간의 뇌 신경망과 닮은 인공 신경망을 기반으로 하는 알고리즘으로, 우리의 뇌 속 뉴런과 유사한 형태로 입·출력 계층을 만들고 데이터를 학습하는 기술입니다. 인공지능을 이해하기 위해서 먼저 우리의 뇌 속 뉴런에 대해 살펴보고, 이를 바탕으로 한 최초의 인공 신경망 모델인 퍼셉트론에 대해 알아보겠습니다.

뉴런과 퍼셉트론

① 생물학적 뉴런

우리의 뇌 속에는 약 860억 개의 뉴런(neuron)이라고 불리는 신경 세포가 존재하고 있습니다. 뉴런들은 가까이 연결되기도 하고 멀리 연결되기도 하는 등 다양한 방식으로 연결되어 있습니다.

하나의 뉴런은 1,000~10,000개의 다른 뉴런들과 연결되어 크고 복잡한 네트워크를 형성하고 있습니다. 이렇게 수많은 뉴런은 서로 긴밀히 연결되어 정보를 주고받게 되며, 이러한 과정 속에서 생각이 만들어집니다.

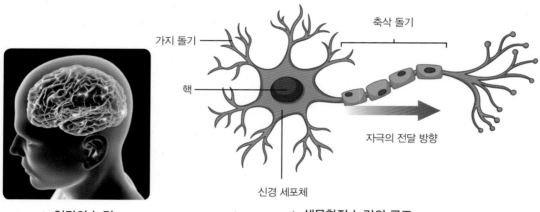

▲ 인간의 뉴런　　　　　　▲ 생물학적 뉴런의 구조

뉴런은 신경계를 이루는 구조적·기능적 기본 단위가 되는 세포로서, 신경 세포체, 가지 돌기, 축삭 돌기로 이루어져 있습니다.

신경 세포체에서 길게 뻗어 나오는 축삭 돌기는 한 개 이상의 가지들로 갈라지며, 각 축삭 돌기의 말단은 다른 뉴런들의 가지 돌기와 연결됩니다. 축삭 돌기는 뉴런으로부터 신호를 내보내며, 가지 돌기는 신호를 받아들여 뉴런으로 전달하는 역할을 합니다. 이때, 축삭 돌기를 따라 전기적 신호가 전달되는데, 축삭 말단에 도착하면 시냅스라고 하는 구조를 통해 다음 뉴런의 가지 돌기로 신호를 전달하기 위해 화학적 물질을 주고받습니다.

각각의 뉴런은 많은 다른 뉴런들과 연결되어 있으며, 이러한 연결의 집합적인 활동을 통해 감각, 운동, 사고 등의 복잡한 활동이 이루어지게 됩니다. 인간의 뇌에는 이러한 뉴런이 수백억 개가 서로 연결되어 있습니다. 우리가 어떤 것을 보고, 느끼고, 생각하고, 행동하는 것은 모든 뉴런이 서로 화학적 메시지를 반복해서 보내기 때문입니다.

신경 세포는 기능에 따라 감각 기관으로부터 중추 신경계로 신호를 전달하는 감각 뉴런, 중추 신경계로부터 근육이나 분비샘과 같은 반응기로 신호를 전달하는 운동 뉴런, 뇌와 척수의 대부분을 이루며 감각 뉴런과 운동 뉴런을 연결하는 연합 뉴런으로 구분할 수 있습니다.

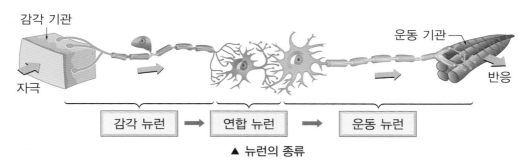

▲ 뉴런의 종류

뉴런의 발화는 무엇일까요?

뉴런의 '발화'란 연결된 모든 뉴런에 메시지를 보내는 것을 의미합니다. 여기서 중요한 뉴런의 역할이 있습니다. 바로 각각의 뉴런이 모든 메시지를 다음 뉴런으로 보내지는 않는다는 것입니다. 만약 뉴런들이 입력된 정보를 그대로 전달하기만 한다면, 여러 뉴런들이 서로 연결되어 있을 필요가 없을 것입니다.

뉴런은 메시지를 언제 전달할지에 대해 기준을 가지고, 이를 전달할지 말지를 판단합니다. 만약, 전달받은 신호의 세기가 해당 뉴런의 기준보다 더 높다면 신호를 전달하고 그렇지 않다면 그 신호를 다음 뉴런으로 보내지 않습니다. 즉, 미세한 신호는 무시하고 의미 있는 신호만 전달하는 것입니다. 수억 개의 뉴런 조합을 통해 우리가 손가락을 움직이거나 물체를 판별하는 등 다양한 조작과 판단을 수행할 수 있는 것입니다.

이렇듯 각각의 뉴런은 발화 시기를 결정하는 자체적인 설정치(임계값)를 가지고 있습니다. 충분한 메시지가 도착하면 한계점에 도달하게 되고 뉴런이 발화하게 되는 것입니다.

학생들에게 뉴런의 발화를 좀 더 쉽게 설명하기 위해서 아래 그림처럼 간단한 '풍선 터트리기' 놀이나 '공기딱총' 놀이를 함께 해 볼 수 있습니다. 계속해서 자극을 받아 한계점에 도달하게 되면 결국 풍선이 터지고 총알이 발사되는 것으로 간단한 모델링을 경험해 볼 수 있습니다.

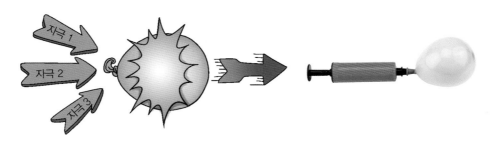

▲ 뉴런의 발화 모델링

❷ 인공 뉴런과 인공 신경망

인공 신경망은 인간의 신경세포 뉴런이 자극을 전달하는 일련의 과정들을 모방해 만든 인공적인 모델입니다. 우리의 몸에서는 신경 자극 전달을 뉴런이라는 신경 세포가 담당했듯이 인공 신경망에서도 뉴런을 모방한 '퍼셉트론'이라는 인공 뉴런이 있습니다.

생물학적 뉴런이 다른 여러 개의 뉴런으로부터 입력 신호를 받아서 세포체에 저장하다가 자신의 용량을 넘어서면 출력 신호를 내보내는 것처럼, 인공 뉴런은 여러 입력 신호를 받아 가중치를 곱하여 일정 수준이 넘어서면 활성화되어 출력 신호를 내보냅니다.

뉴런이 자극을 받아들여 특정한 어느 임계점을 넘으면 활성화되어 다른 뉴런으로 자극이 전달되는 것처럼 퍼셉트론도 입력 신호 A, B에 가중치와 편향이 더해져 활성화 함수를 만나 특정한 임계치를 넘으면 출력되는 비슷한 구조를 갖고 있습니다. 가중치는 각 신호가 결과에 주는 영향력을 조절하는 요소로 작용하며, 가중치가 클수록 해당 신호가 그만큼 더 중요함을 뜻합니다.

퍼셉트론이 여러 입력값을 받아들여 종합한 값을 최종적으로 어떤 값으로 만들지 결정하는 역할을 하는 것이 활성화 함수이며, 퍼셉트론에서 가장 핵심적인 요소입니다. 여기서 활성화된다는 것은 출력값이 '1'을 의미하고 활성화되지 않는다는 것은 '0'을 의미합니다. 활성화 함수로 많이 사용되는 함수로는 계단(step) 함수, 시그모이드(sigmoid) 함수, 렐루(ReLU) 함수 등이 있습니다.

뉴런과 퍼셉트론 모두 여러 자극을 입력으로 받아들이고, 다음 뉴런으로 자극을 전달한다는 점에서 역할과 구조가 비슷하다고 볼 수 있지만, 뉴런은 인간의 몸에서 자극을 전달하는 생물학적, 화학적 개념이고 퍼셉트론은 이러한 과정을 수학적으로 모델링한 개념이라는 점에서 차이가 있습니다.

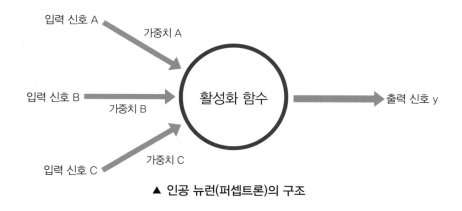

▲ 인공 뉴런(퍼셉트론)의 구조

인공 신경망(Artificial Neural Network, ANN)은 여러 뉴런(노드)들의 집합으로 연결되어 있는 구조의 네트워크입니다.

입력층을 통해 데이터를 입력받고 여러 단계의 중간층(은닉층)을 지나면서 처리가 이루어져 출력층을 통해 최종 결과가 출력됩니다. 그림에서 원 모양의 노드는 인공 뉴런을 나타내고, 화살표는 하나의 뉴런의 출력에서 다른 하나의 뉴런으로의 입력을 나타냅니다.

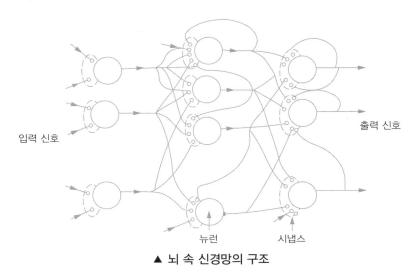

▲ 뇌 속 신경망의 구조

뉴런과 뉴런이 서로 새로운 연결을 만들기도 하고 필요에 따라 위치를 바꾸는 것처럼, 여러 층의 퍼셉트론을 서로 연결시키고 복잡하게 조합하여 주어진 입력값에 대한 판단을 하게 하는 것이 바로 인공 신경망의 기본 구조입니다.

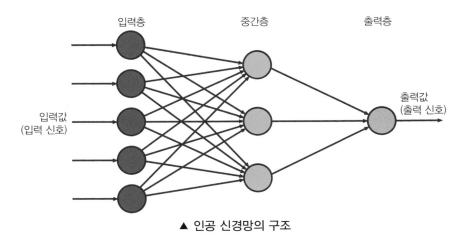

▲ 인공 신경망의 구조

청기 백기 놀이

인공 신경망 (Artificial Neural Network)

개요

인공 신경망(Artificial Neural Network)은 생물의 뇌 속 신경망에서부터 출발한 학습 알고리즘입니다. 최근의 인공 신경망에는 수많은 뉴런(노드)이 이용되고 있으며, 뉴런의 연결 수 또한 억 단위로 올라가며 사람의 뉴런에 근접해가고 있습니다.

이번 장에서는 생물학적 뉴런에 대한 이해와 이를 모델링 한 '인공 신경망 청기 백기'[1] 놀이를 통해 인공 신경망의 기본 원리와 구조에 대해 알아보고자 합니다.

준비물

교사 준비물	학생 준비물
청기 백기 깃발 각 2개씩	• 줄을 통과시킬 수 있는 관 6개 • 1m 길이의 밝은 색 줄 6개

활동 안내

1. 학생 7명이 한 모둠을 만들고 4명은 감각 뉴런, 2명은 연합 뉴런, 1명은 운동 뉴런 역할을 담당합니다.
2. 감각 뉴런과 연합 뉴런, 운동 뉴런은 각각의 규칙에 따라 발화합니다.
3. 원활한 활동을 위해 Y자 모양의 줄을 미리 만들어 두는 것이 좋습니다. 3개의 줄 끝을 서로 묶어 Y자 모양으로 만듭니다.
4. 7명으로 구성된 한 모둠이 활동하려면 Y자 모양의 줄이 2개 필요합니다.

---

[1] 이 활동은 cs4fn(http://teachinglondoncomputing.org)를 참고하였습니다.

인공 신경망 언플러그드 활동하기

활동 방법을 알아보고 언플러그드 활동을 합니다.

모둠 구성 학생 7명이 하나의 모둠을 구성하여 인공 뇌 구조를 만듭니다.

모둠 역할 4명은 감각 뉴런, 2명은 연합 뉴런, 1명은 운동 뉴런 역할을 맡습니다.

1단계 인공 뇌 구조 만들기

첫 번째 활동은 물리적인 인공 뇌 구조를 만드는 것입니다. 학생들은 뉴런의 역할을 하며, Y자 모양의 줄을 서로 팽팽하게 잡아 뉴런을 서로 연결하는 가지 구조를 만듭니다. 7명의 학생이 하나의 뇌 구조를 만들게 되며, 그림과 같이 앞쪽의 4명은 감각 뉴런, 가운데 2명은 연합 뉴런, 맨 끝의 1명은 운동 뉴런의 역할을 담당합니다.

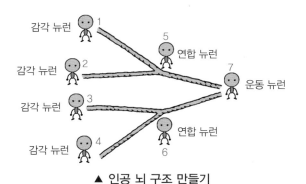

▲ 인공 뇌 구조 만들기

학생(뉴런)들이 서로 정보를 주고받기 위해서는 화학적인 전달 장치인 신경 전달 물질이 필요합니다. 다음 뉴런에게 메시지를 전달하기 위해서 각각의 줄에 관을 통과시켜 끼웁니다. 관을 가지고 있는 6명은 줄에 연결된 관을 전달(발화)함으로써 다른 뉴런으로 메시지를 보낼 수 있습니다.

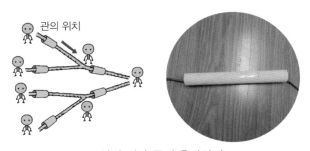

▲ 신경 전달 물질 추가하기

우리의 뇌가 어떤 의미 있는 행동을 하기 위해서는 뉴런이 따라야 할 규칙이 필요합니다.

• 감각(눈) 뉴런 기본 규칙(1, 2, 3, 4번)

감각 뉴런에 해당하는 4명의 학생은 눈(eye) 뉴런을 담당합니다. 눈 뉴런은 우리 눈과 연결되어 있고, 뇌가 바깥세상을 감지할 수 있는 통로입니다. 눈 뉴런의 규칙은 교사의 손에 어떤 색의 깃발이 들리는지를 살펴보는 것입니다. 다음의 규칙에 따라 각 뉴런은 다음 뉴런에게 관을 전달하며, 기본 규칙은 상황에 따라 새롭게 만들 수 있습니다.

1번 뉴런	교사의 왼손에 파란색 깃발이 올려질 경우 발화(전달)	2번 뉴런	교사의 오른손에 파란색 깃발이 올려질 경우 발화(전달)
3번 뉴런	교사의 왼손에 흰색 깃발이 올려질 경우 발화(전달)	4번 뉴런	교사의 오른손에 흰색 깃발이 올려질 경우 발화(전달)

• 연합(중계) 뉴런 기본 규칙(5, 6번)

연합 뉴런은 뇌 깊숙한 곳에 있습니다. 이 뉴런은 외부 세상과 연결되어 있지 않고, 오로지 다른 뉴런에만 연결되어 있습니다. 이 뉴런은 설정치(한계값)에 도달하면 발화하는 규칙을 가지고 있습니다. 즉, 연합 뉴런을 담당하는 학생은 감각 뉴런으로부터 두 개의 관을 모두 받았을 때에만 관을 앞으로 전달할 수 있습니다.

5, 6번 뉴런	두 개의 신호가 모두 도착할 경우 발화(전달)

• 운동(말하기) 뉴런 기본 규칙(7번)

운동 뉴런은 입과 연결되어 있으며, 뇌가 외부 세계와 소통할 수 있는 유일한 방법입니다. 스냅 뉴런의 규칙은 최소 한 개의 관이 도착하면 발화하는 것이며, 이때 '빙고!'를 크게 외칩니다.

7번 뉴런	한 개의 신호가 도착할 경우 발화('빙고!'를 외침)

모든 학생은 교사의 깃발이 보이지 않게 등지고 서며, 감각(눈) 뉴런을 맡은 학생들만 상황을 볼 수 있습니다. 다른 뉴런들은 오로지 자신에게 관이 도착하는 것에만 반응할 뿐, 교실에서 일어나는 다른 상황에 대해서는 일체 반응하지 않아야 합니다.

3단계 | 인공 신경망 '청기 백기' 놀이하기

이제 인공 뇌를 활용하여 청기 백기 놀이를 시작합니다. 감각(눈) 뉴런만 교사의 지시를 볼 수 있습니다. 교사는 무작위로 깃발을 선택해 깃발을 높이 듭니다. 만약 왼손에 파란색 깃발을 들어 올린다면 뉴런 규칙에 따라 1번 뉴런만 발화하게 됩니다. 이어서 오른손에도 파란색 깃발을 들어 올리면 2번 뉴런도 발화하게 되고, 규칙에 따라 5번 뉴런이 발화하게 됩니다. 그리고 우리 몸에서 말하기와 관련된 운동 뉴런을 자극하여 7번 뉴런이 발화하게 되고, 최종적으로 '빙고!'를 외치게 됩니다.

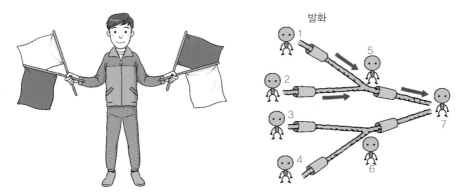

▲ 교사의 지시에 따른 뉴런의 발화

뉴런이 한 차례의 발화를 한 후 화학 물질이 채워지기까지 재정비 시간이 필요합니다. 다음 게임을 위해 전달했던 관은 모두 처음의 위치로 돌아가도록 합니다.

교사의 지시에 따라 인공 뇌가 적절하게 동작했다면 점수를 부여하거나 틀린 학생에게 감점(벌칙)을 주는 등 다양한 방법으로 놀이를 할 수 있습니다. 또한 여러 차례 놀이를 반복할 경우 학생들 간의 역할을 바꾸어가며 진행하는 것이 좋습니다. 학급 전체가 놀이에 참여할 경우 학생들을 여러 팀으로 나누어 훨씬 복잡한 인공 뇌 구조를 만들 수 있습니다.

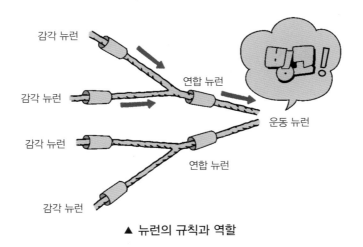

▲ 뉴런의 규칙과 역할

Q&A로 정리하는 활동

앞에서 살펴본 인공 신경망 언플러그드 활동에는 어떤 의미가 있을까요?

Q 각각의 뉴런들을 서로 연결한 것은 어떤 의미가 있을까요?

A 우리의 뇌 속에는 수많은 뉴런이 서로 복잡하게 연결되어 있으며, 이렇게 뉴런이 모여 서로 연결된 것을 '신경망'이라고 합니다. 수많은 뇌 과학자가 밝힌 이 신경망의 원리를 컴퓨터 과학자들은 인공지능에서 사용하기 시작했습니다. 이러한 생각으로 시작된 연구가 바로 인공 신경망(Artificial Neural Network, ANN) 연구입니다.

최근의 인공지능은 '딥러닝' 기술을 통해 실현되고 있어 인공지능 분야에서 '딥러닝(Deep Learning)'이라는 말을 한 번쯤은 들어보았을 것입니다. 기계학습(Machine Learning)의 여러 방법 중 하나인 딥러닝은 인간의 신경망과 같이 여러 층으로 복잡하게 연결된 인공 신경망을 이용하여 데이터를 학습하고 정보를 처리하는 것을 말합니다. 이러한 딥러닝에서 가장 기본이 되는 개념이 바로 신경망입니다. 즉, 신경망은 인간의 뇌 속 뉴런의 연결 구조를 가리키며, 인공 신경망은 인간의 신경 세포 뉴런이 자극을 전달하는 일련의 과정들을 모방해서 만든 인공적인 모델입니다.

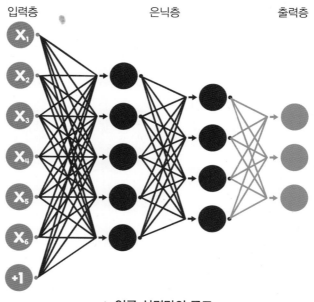

▲ 인공 신경망의 구조

이것만은 알고가자!
활동 속 인공지능 키워드

① 퍼셉트론

인공 신경망 청기 백기 놀이에서 뉴런이 관을 전달하는 것과 같은 일들은 실제 우리의 뇌 속에서도 계속해서 일어납니다. 하지만 실제 우리의 뇌는 매우 복잡한 과정을 거치므로 이에 대한 직관적인 이해가 어렵습니다. 그러므로 뉴런 사이의 연결, 신경 전달 물질, 뉴런의 발화를 추상화한 놀이를 통해 뉴런과 신경망에 대해 보다 쉽게 이해할 수 있습니다. 이와 같은 방식으로 우리의 뇌 속 뉴런의 동작을 서로 전자 메시지를 보내는 가상의 뉴런을 가진 인공 신경망을 생각해 볼 수 있습니다. 초기의 인공 신경망인 퍼셉트론(Perceptron)은 이러한 아이디어에서 시작되었습니다.

1957년 프랑크 로젠블라트(Frank Rosenblatt)는 신경망을 모방하여 만든 퍼셉트론이라는 개념을 세상에 발표하였습니다. 퍼셉트론은 초기 형태의 인공 신경망으로 다수의 신호를 입력으로 받아 하나의 신호를 출력하는 알고리즘입니다.

② 퍼셉트론 구조

퍼셉트론은 뉴런의 자극 전달 과정을 수학적으로 모델링한 개념으로 신경 세포 뉴런의 입력 신호와 출력 신호가 퍼셉트론에서 각각 입력값과 출력값에 해당됩니다.

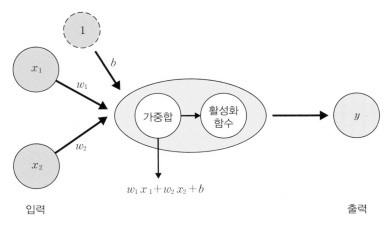

$$y = \begin{cases} 0, & w_1x_1 + w_2x_2 + b \leq 0 \ (\text{신호가 흐르지 않는다.}) \\ 1, & w_1x_1 + w_2x_2 + b > 0 \ (\text{신호가 흐른다.}) \end{cases}$$

▲ 퍼셉트론의 구조

x_1, x_2는 입력값, y는 출력값, w_1, w_2는 가중치를 뜻합니다. 가중치가 클수록 중요한 신호라고 볼 수 있으며, 입력값(x)에 가중치(w)를 곱한 다음, 편향(b)을 더한 값인 가중합의 결과를 0 또는 1로 출력합니다.

이때, 가중합의 값을 판단하는 함수가 활성화 함수이며, 정보를 다음 뉴런에게 전달할지 아닐지를 결정하는 역할을 합니다. 활성화 함수로 많이 사용되는 함수로는 계단(step) 함수, 시그모이드(sigmoid) 함수, 렐루(ReLU) 함수가 있습니다.

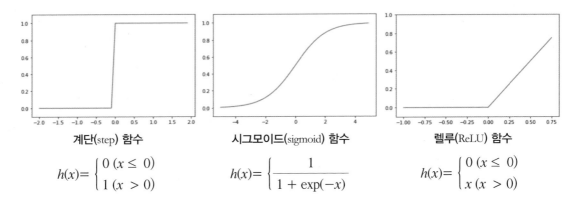

계단(step) 함수

$$h(x) = \begin{cases} 0 \ (x \leq 0) \\ 1 \ (x > 0) \end{cases}$$

시그모이드(sigmoid) 함수

$$h(x) = \begin{cases} \dfrac{1}{1 + \exp(-x)} \end{cases}$$

렐루(ReLU) 함수

$$h(x) = \begin{cases} 0 \ (x \leq 0) \\ x \ (x > 0) \end{cases}$$

뉴런과 뉴런이 서로 새로운 연결을 만들기도 하고 필요에 따라 위치를 바꾸는 것처럼, 여러 층의 퍼셉트론을 서로 연결시키고 복잡하게 조합하여 주어진 입력값에 대한 판단을 하게 하는 것이 바로 인공 신경망의 기본 구조입니다. 이를 사용하여 오늘날 인공지능의 능력이라고 여기는 학습과 인식이 가능해졌습니다. 퍼셉트론의 개발은 인공 신경망을 사용하여 여러 문제를 해결할 수 있다는 기대와 희망을 주었으며, 이로 인해 인공지능 연구가 폭넓게 이루어졌습니다.

또한 뉴런과 퍼셉트론 모두 여러 자극을 입력으로 받아들이고, 다음 뉴런으로 자극을 전달한다는 점에서 역할과 구조가 동일합니다. 따라서 생물학적인 뉴런과 인공 신경망에서의 퍼셉트론을 같은 개념으로 이해할 수 있습니다. 복잡한 뉴런을 쉽게 이해하기 위해서 뉴런의 동작 원리를 모델링한 청기 백기 놀이를 해보았습니다.

'컴퓨터 모델링'이란 컴퓨팅 사고력 도구 중의 하나로 시스템의 성능 분석이나 동작 과정 등을 알아보기 위하여 간단한 모형을 만들거나 시스템의 특징을 수학적으로 표현하는 것을 말합니다. 컴퓨터 모델링을 통해 복잡한 현상들을 컴퓨터 정보 구조로 변환시키거나 현실 세계에서는 불가능한 모델에 대해서 다양한 시뮬레이션을 해 볼 수 있어 많은 분야에서 활용되고 있습니다.

학습지 인공 신경망 언플러그드

1 우리의 실제 뇌 속 신경망과 우리가 만든 '인공 신경망'을 비교해 봅시다.

	뇌 속 신경망	인공 신경망
공통점		
차이점		

2 '인공 신경망 청기 백기 놀이'에서는 7개의 뉴런만을 사용하였기 때문에 신호를 전달하는 단순한 동작만을 할 수 있었습니다. 만약 현재의 인공지능과 같이 수억 개의 뉴런으로 이루어진 인공 뇌를 만들 수 있다면 어떤 일을 할 수 있을지 상상해 봅시다.

3 컴퓨터 과학자라면 '컴퓨터 모델링'을 활용하여 어떠한 연구를 하고 싶은지 써 봅시다.

6

그림을 맞춰 봐!

(이미지 인식 with Neural Network)

이미지 인식은 분류와 함께 지도 학습에서 대표적으로 응용되는 분야입니다. 딥러닝 기술 중 합성곱 신경망(Convolutional Neural Network, CNN)을 이용하면 이미지 내 객체의 특성을 추출하여 이미지를 분류할 수 있습니다. CNN은 이미지 인식을 위한 딥러닝 알고리즘 중 하나입니다.

생활 속에서 경험하는 이미지 인식

1 이미지 인식이란?

스마트 기기를 사용할 때 생체 인식으로 잠금을 해제하고, 가정용 로봇이 사람을 인식하고, 자율주행자동차가 신호등을 인식하는 것은 어떤 원리일까요?

이것들의 공통점은 이미지 속 객체를 인식한다는 것입니다. **이미지 인식**(Image Recognition)은 이미지에 포함된 객체를 인식하고 분류하는 것으로, 이미지 속 객체의 특성을 추출하고 학습하여 그 객체가 무엇인지 판단합니다.

우리 인간은 어떤 물체를 보면 한 번에 그것을 인식할 수 있지만, 인공지능은 쉽게 감지할 수 없습니다. 어린 아이가 성장 단계에 맞게 새로운 것을 배우는 것처럼 인공지능도 단계적으로 학습합니다.

인공지능의 단계적 학습

❶ 인공지능이 개와 고양이를 학습하기 위해, 먼저 동물에 이름표(레이블)를 붙여 줍니다.

❷ 인공지능에게 개와 고양이의 사진을 많이 보여 줍니다.

❸ 인공지능은 그 동물이 가진 특성, 예를 들어 고양이라면 '귀가 삼각형이다, 얼굴에 수염이 있다, 발톱이 뾰족하다' 등의 특성을 단계적으로 배웁니다.

인공지능은 이러한 과정을 통해 개와 고양이를 분류할 수 있게 됩니다.

"개와 고양이의 특성을 파악하여 분류할 수 있다."

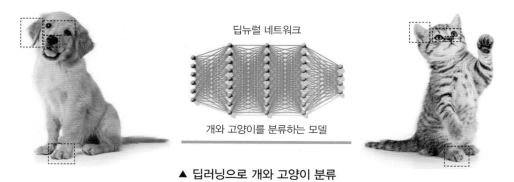

▲ 딥러닝으로 개와 고양이 분류

❷ 이미지 인식 사례 ― 카메라 얼굴 인식과 자율주행자동차

우리는 생활 속에서 이미지 속 객체가 자동으로 인식되는 것을 자주 경험합니다. 그중 대표적인 것이 스마트 기기나 카메라의 얼굴 인식 기능입니다.

스마트 기기에서 볼 수 있는 얼굴 ID는 카메라와 기계학습 기술을 사용하여 특정 사용자를 인식하여 인증해 주는 기능입니다. 얼굴 인식으로 스마트 기기의 보안 잠금을 편리하게 해제할 수 있습니다.

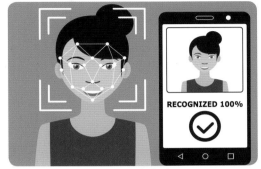

▲ 스마트 기기의 얼굴 ID

가정용 로봇은 사람처럼 사람과 대화하고 가족의 사진을 찍어 주기도 합니다. 특히, 카메라가 동작할 때 인물들의 얼굴을 자동으로 인식합니다.

▲ 카메라 얼굴 인식

자율주행자동차는 도로를 어떻게 인식할까요?

기계학습 알고리즘 중 하나인 합성곱 신경망(CNN)은 이미지 인식에 사용되는 대표적인 알고리즘으로 많은 자율주행자동차에 활용되고 있습니다.

자율주행자동차는 딥러닝을 사용하여 노면 표시, 도로 표지판, 보행자, 상대편 차량 등의 사물을 탐지하고 분류할 수 있도록 학습합니다.

그림을 맞춰 봐!

이미지 인식 with Neural Network

개요

컴퓨터는 어떻게 객체를 '인식'할까요? 컴퓨터는 어떻게 사진에 고양이가 있는지 알까요? 또 어떻게 건물과 사람을 구별할까요?

사람이 물체의 모양이나 외형을 인식하는 것은 매우 쉽습니다. 그러나 자율주행 자동차가 물체를 인식하는 것은 복잡한 작업입니다.

이 활동에서 학생들은 컴퓨터가 어떻게 이미지에 포함된 정보를 인식하는지 알 수 있습니다.

준비물

- 사진 카드(171쪽)
- A, B, C의 학생 활동지

활동 안내

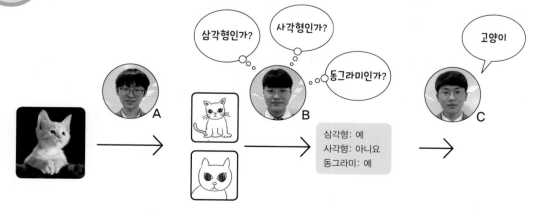

이미지 인식 언플러그드 활동하기

활동 방법을 소개하고 언플러그드 활동을 합니다.

모둠 구성 학생 세 명이 하나의 모둠이 되도록 구성합니다. 모든 모둠에는 세 가지 역할 (A, B, C)이 있으며 각각은 신경망의 한 층을 나타냅니다. 만약 전체 인원이 3의 배수가 아니라면 4명으로 1모둠을 구성할 수 있고, A의 역할을 2명이 함께할 수 있습니다.

모둠 역할 모둠 내 A, B, C의 역할을 정하고 활동 방법을 소개합니다. A가 스케치를 하는 동안 B와 C는 그 내용을 보지 못하도록 자리를 배치합니다.

1 교사는 사진 카드에서 하나의 이미지를 선택하여 A에게 전달합니다.

2 A는 사진을 보고 각각 30초 동안 두 개의 서로 다른 스케치를 합니다. 두 장의 스케치를 모두 그리면 B에게로 전달합니다.

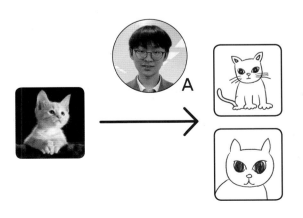

3 B는 A로부터 받은 스케치 속에 어떤 특성(기하학적 모양)이 포함되어 있는지 표시하고, 그 특성 정보를 C에게 전달합니다.

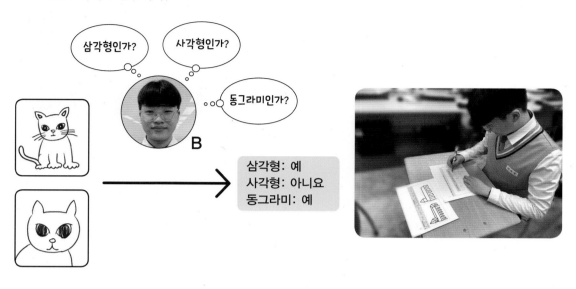

---

4 C는 B로부터 받은 특성 정보와 특성표를 비교하여 원본 사진이 무엇인지 예측합니다.

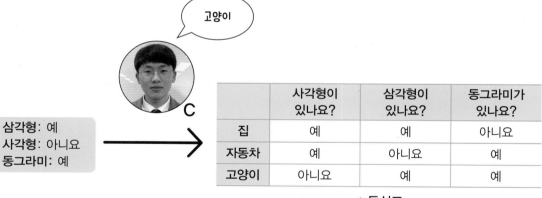

	사각형이 있나요?	삼각형이 있나요?	동그라미가 있나요?
집	예	예	아니요
자동차	예	아니요	예
고양이	아니요	예	예

▲ 특성표

5 A는 C의 대답이 정답인지 확인하여 말해 줍니다.

이렇게 이미지 내 객체의 특성을 추출하여 특성표와 비교해 봄으로써 이미지 속 객체가 무엇인지 인식할 수 있습니다.

---

6 A, B, C가 서로 역할을 바꾸어서 한 번 더 시도해 봅니다.

 학생들이 다른 역할로 게임에 참여할 수 있습니다. 이를 통해 각 층에서 하는 일을 더 잘 이해할 수 있습니다.

---

7 학생에게 신경망이 인식할 수 있는 범주에 맞지 않거나 명확하게 분류할 수 없는 특성이 있는 다른 이미지를 보여줍니다. 학생들은 개를 추가했을 때 특성표가 어떻게 달라져야 하는지 생각해 봅니다.

이 신경망을 이용하면 개도 인식할 수 있을까요?

Q&A로 정리하는 활동

앞에서 살펴본 이미지 인식 언플러그드 활동에는 어떤 의미가 있을까요?
A, B, C의 활동을 중심으로 살펴보겠습니다.

Q A는 왜 고양이를 스케치 했을까요?

A A가 그림을 보고 고양이 스케치를 한 활동은 이미지 인식에 주로 사용하는 합성곱 신경망(CNN)의 합성곱 연산으로, 필터를 이용해 간선(edge)을 추출하는 활동에 해당됩니다.

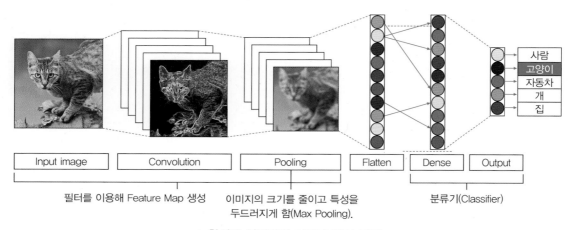

▲ 합성곱 신경망의 이미지 인식 과정

합성곱 신경망은 먼저 필터를 사용한 합성곱 연산으로 이미지 내 객체의 간선(edge)을 추출합니다.

필터	처리	처리된 이미지	필터	처리	처리된 이미지
$\begin{bmatrix} 0 & 0 & 0 \\ 0 & 1 & 0 \\ 0 & 0 & 0 \end{bmatrix}$	원본 이미지		$\begin{bmatrix} 0 & -1 & 0 \\ -1 & 5 & -1 \\ -0 & -1 & 0 \end{bmatrix}$	선명하게 처리	
$\begin{bmatrix} -1 & -1 & -1 \\ -1 & 8 & -1 \\ -1 & -1 & -1 \end{bmatrix}$	테두리 추출		$\dfrac{1}{9}\begin{bmatrix} 1 & 1 & 1 \\ 1 & 1 & 1 \\ 1 & 1 & 1 \end{bmatrix}$	흐릿하게 처리	

▲ 합성곱 연산에 사용되는 다양한 필터들

Q B는 왜 삼각형, 사각형 등 기하학적인 모양을 그렸을까요?

A 인공 신경망에서 여러 층을 거치면 직선과 대각선 등 여러 성분을 조합하여 삼각형, 사각형, 원형 등의 기하학적인 특성을 추출할 수 있습니다. 이 활동은 많은 뉴런으로 이루어진 실제 신경망에 비해 매우 단순합니다. 신경망의 첫 번째 단계에서는 수많은 단순하고 기하학적인 필터가 있습니다. 이러한 패턴을 다시 적용하면 더 복잡한 패턴의 특성을 추출할 수 있습니다.

신경망은 점차적으로 복잡한 특성을 식별합니다.

| 간선(edge)과 단순한 기하학적 형상들이 식별됩니다. | 타이어 또는 귀와 같은 복잡한 형상과 객체들이 식별됩니다. | 전체 객체는 이러한 형상과 객체들을 기반으로 인식됩니다. |

▲ 합성곱 신경망으로 이미지를 인식하는 과정

B는 이 활동으로 합성곱 신경망의 특성 추출기(Feature Extractor)의 동작을 체험할 수 있습니다.

Q C가 가진 특성표는 무엇을 의미할까요?

A 이미지를 인식하고 분류하기 위해서는 이미지에 포함된 객체의 특성을 추출하여 분류 카테고리의 특성으로 저장합니다. 이처럼 신경망은 이미 알고 있는 카테고리(범주)만 올바르게 분류할 수 있기 때문에 미리 카테고리를 정의하지 않은 객체는 인식할 수 없습니다. 따라서 이 활동에서 카테고리가 정의되지 않은 개를 입력하면 올바르게 분류할 수 없습니다.

Q 개를 인식하려면 어떻게 해야 할까요?

A 이 활동에서 개를 인식할 수 없는 이유는 출력에 개 카테고리가 없기 때문입니다. 그리고 신경망에 의해 식별되는 특성의 수가 이제 더 이상 충분하지 않기 때문입니다. 따라서 이 신경망이 개를 인식하려면 먼저, 신경망의 출력에 '개' 카테고리를 추가해야 합니다. 그리고 개의 특성을 추출하여 특성표에 추가해야 합니다.

개의 모양을 보고 삼각형과 동그라미가 있는 것으로 특성을 추가할 수 있습니다. 이렇게 추가한 특성표를 보면 고양이와 개의 특성이 같아서 두 가지를 구분할 수 없습니다.

카테고리	사각형이 있나요?	삼각형이 있나요?	동그라미가 있나요?	?
집	예	예	아니요	
자동차	예	아니요	예	
고양이	아니요	예	예	
개	아니요	예	예	

▲ 특성표

따라서 개 카테고리를 구분할 수 있는 특성을 추가하거나, 복잡한 패턴을 파악하기 위해 여러 특성을 결합해야 합니다. 이를 위해 신경망에 노드와 층을 추가할 수 있습니다.

이러한 활동을 통해 개나 다른 객체를 인식하기 위해 신경망을 어떻게 바꾸고 확장해야 하는지 고려할 수 있습니다.

이것만은 알고 가자!
활동 속 인공지능 키워드

① 딥러닝

이미지 인식은 영상 속에서 문체를 인식하거나 분류하는 딥러닝의 가장 대표적인 활용 분야 입니다. 딥러닝은 인공 신경망을 통해 많은 데이터를 이용하여 학습합니다.

인공 신경망[1]은 인간의 뇌에서 뉴런 역할을 하는 퍼셉트론 여러 개가 여러 층으로 연결되어 하나의 신경망을 구성하는데, 이를 **다층 신경망**이라고 합니다. 다층 신경망은 다중 퍼셉트론 에서 매개 변수를 자동으로 찾아가는 학습(training)이 추가된 형태입니다.

신경망의 구조는 크게 **입력층 – 은닉층 – 출력층**으로 이루어집니다. 그리고 각 층의 동그 라미를 노드(node)라고 하고, 노드를 이은 선을 간선(edge)이라고 합니다. 각 노드를 하나의 퍼셉트론으로 생각할 수 있습니다.

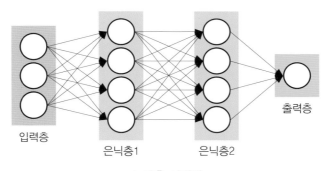

입력층   은닉층1   은닉층2   출력층

▲ 다층 신경망

> **다층 신경망은 아래와 같은 요소로 구성됩니다.**
> • 입력층(레이어) 한 개
> • 은닉층(레이어) 한 개 이상
> • 출력층(레이어) 한 개
> • 각 층(레이어) 간 가중치와 편향
> • 각 은닉층(레이어)의 활성화 함수

---

[1] 뇌에 있는 생물학적 신경망에서 영감을 얻어 만든 컴퓨팅 구조입니다. 퍼셉트론은 신경망의 가장 작은 단위인 뉴런을 수학적으로 정의하여, 생물학적 뉴런을 느슨하게 모델링한 것입니다.

딥러닝은 입력층과 출력층 사이에 여러 개의 은닉층들로 이루어지며, 입력 데이터를 기반으로 기대하는 출력에 가깝게 만들기 위해 여러 개의 층을 두어 학습합니다. 딥러닝에서 학습은 주어진 입력으로 보다 정확한 답을 출력하기 위해 신경망의 모든 층에 있는 매개 변수들의 가중치를 최적화하는 것을 의미합니다.

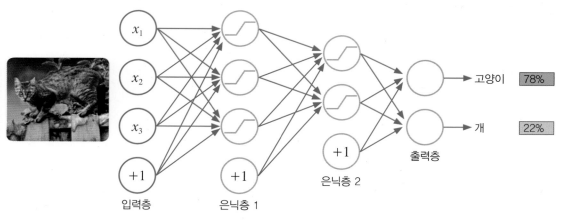

▲ 신경망 학습으로 고양이를 인식하는 과정

이미지 인식은 왜 딥러닝과 깊은 층이 필요할까요?

신경망으로 고양이를 인식하는 경우를 생각해 보겠습니다. 얕은 신경망에서 해결하려면 합성곱 계층은 고양이의 특성 대부분을 한 번에 이해해야 합니다. 고양이의 특성을 이해하려면 어느 각도에서 찍은 사진이냐를 알아야 하고, 모습의 변화가 풍부한 많은 데이터가 필요하여 결과적으로 시간이 많이 걸립니다. 이때 신경망을 깊게 학습하면 학습해야 할 문제를 계층적으로 분해할 수 있습니다. 각층이 학습할 문제를 단순화(예를 들면, 처음 층은 간선(edge) 학습에 전념)하여 적은 학습 데이터로 효율적으로 학습할 수 있습니다.

② 합성곱 신경망(CNN)

합성곱 신경망(Convolutional Neural Network, CNN)은 복잡한 이미지 인식(Image Recognition)을 위해 만들어진 인공 신경망으로, 이미지의 특성을 추출하기 위해 합성곱(Convolution) 연산과 풀링[1](Pooling) 연산을 반복적으로 수행합니다.

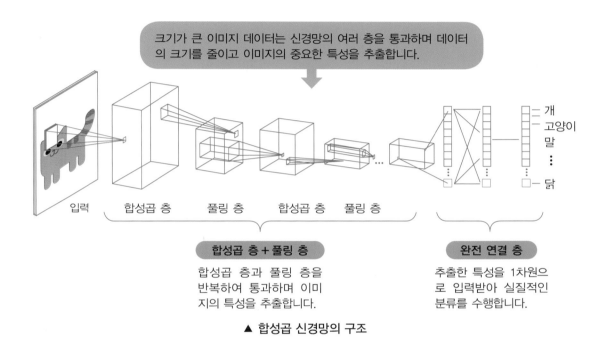

크기가 큰 이미지 데이터는 신경망의 여러 층을 통과하며 데이터의 크기를 줄이고 이미지의 중요한 특성을 추출합니다.

입력　　합성곱 층　　풀링 층　　합성곱 층　　풀링 층

합성곱 층 + 풀링 층

합성곱 층과 풀링 층을 반복하여 통과하며 이미지의 특성을 추출합니다.

완전 연결 층

추출한 특성을 1차원으로 입력받아 실질적인 분류를 수행합니다.

▲ 합성곱 신경망의 구조

합성곱 층의 매개 변수는 학습할 수 있는 필터 세트로 구성됩니다. 합성곱 연산은 특정한 크기의 필터가 이미지 데이터의 왼쪽 상단에서 오른쪽 하단까지 일정 간격으로 이동하며 이미지 데이터와 필터의 곱을 합산하는 과정입니다. 이때 필터는 이미지 데이터의 국부(local) 영역에 존재하는 특정한 기하학적 패턴을 검출하는 역할을 합니다.

합성곱 연산을 통해 이미지의 어떤 영역에 어떤 패턴이 있는지를 추출할 수 있으며, 다양한 필터를 통해 이미지 속 사물을 인식할 수 있습니다.

---

[1] 풀링 연산은 이미지의 가로와 세로 방향 공간을 줄이는 연산입니다. 이미지 데이터에서 중요한 정보만 남기고 계산량을 줄이기 위해 사용합니다.

합성곱 신경망에서 이미지 인식 과정은 어떻게 될까요?

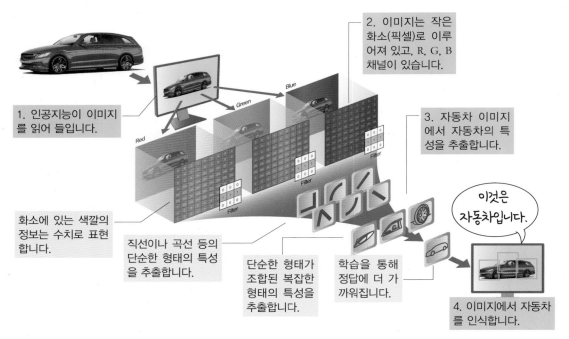

1. 인공지능이 이미지를 읽어 들입니다.

2. 이미지는 작은 화소(픽셀)로 이루어져 있고, R, G, B 채널이 있습니다.

3. 자동차 이미지에서 자동차의 특성을 추출합니다.

화소에 있는 색깔의 정보는 수치로 표현합니다.

직선이나 곡선 등의 단순한 형태의 특성을 추출합니다.

단순한 형태가 조합된 복잡한 형태의 특성을 추출합니다.

학습을 통해 정답에 더 가까워집니다.

이것은 자동차입니다.

4. 이미지에서 자동차를 인식합니다.

▲ 합성곱 신경망으로 자동차를 인식하는 방법

합성곱 신경망의 구조에서 연속적인 합성곱 층 사이에 주기적으로 풀링 층[2]을 삽입하는 것이 일반적입니다. 풀링 층은 표현의 공간 크기를 점진적으로 줄여서 신경망에서 매개 변수와 계산의 양을 줄이고 과적합도 제어하는 것입니다.

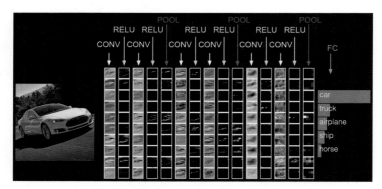

▲ 합성곱 신경망으로 자동차를 인식하는 과정

[출처: http://cs231n.stanford.edu/]

---

[2] Striving for Simplicity: The All Convolutional Net 학술 자료에서는 반복된 합성곱 층으로만 구성된 아키텍처를 위해 풀링 층을 폐기할 것을 제안합니다.

③ 합성곱 신경망(CNN)의 역사

인간은 눈으로 보는 것을 전체적으로 한꺼번에 볼 수 있지만, 실제로는 시각 신경이 부분을 보고 이를 합하여 전체를 인식합니다.

합성곱 신경망은 인간의 시각 피질 안의 많은 뉴런의 동작에 영감을 얻었습니다. 1959년 David Hubel과 Torsten Wiesel은 고양이 실험을 통해 고양이의 시각 피질 뉴런이 특정 위치와 방향에 있을 때 라이트 바에 강력하고 선택적으로 발화하는 것을 발견하였습니다.

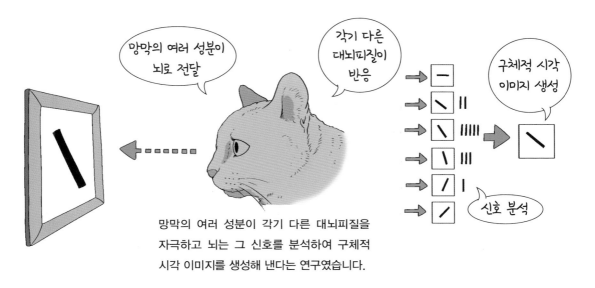

망막의 여러 성분이 각기 다른 대뇌피질을 자극하고 뇌는 그 신호를 분석하여 구체적 시각 이미지를 생성해 낸다는 연구였습니다.

▲ 고양이 뇌 시각 실험

[출처: 야사와 만화로 배우는 인공지능]

시각 피질 안의 뉴런은 국부 수용 영역(local receptive field)을 가집니다. 이것은 뉴런들이 시야의 일부 범위 안에 있는 시각 자극에만 반응을 한다는 것을 의미합니다. 수용 영역(receptive field)들은 서로 겹칠 수 있으며, 이렇게 겹쳐진 수용 영역들이 전체 시야를 이루게 됩니다.

1 A 학생은 입력층, B 학생은 은닉층, C 학생은 출력층의 역할을 합니다.

A 그림을 보고 스케치를 2개합니다.

A: 스케치(30초) 사진 속의 객체를 빠르게 스케치하세요.	A: 스케치(30초) 같은 사진을 보고, 객체의 주요 특성이 드러나도록 빠르게 스케치하세요.

B A가 전해 준 그림을 보고 특성을 추출하여 아래 표에 O 또는 X를 표시합니다.

사각형이 있나요?	삼각형이 있나요?	동그라미가 있나요?

C B가 전해 준 특성을 아래 표와 비교해 보고, 사진 속 객체가 무엇인지 예측합니다.

특성표

	사각형이 있나요?	삼각형이 있나요?	동그라미가 있나요?
집	예	예	아니요
자동차	예	아니요	예
고양이	아니요	예	예

2 다른 객체를 인식하려면 특성표가 어떻게 달라져야 하는지 수정해 봅시다.

특성표

	사각형이 있나요?	삼각형이 있나요?	동그라미가 있나요?
집	예	예	아니요
자동차	예	아니요	예
고양이	아니요	예	예

7

사람일까?
기계일까?

(튜링 테스트 The Turing Test)

기계(컴퓨터)가 어떻게 행동해야 지능을 가진 것으로 판단할 수 있을까요? 인공지능에서 '지능'은 무엇을 의미할까요? 튜링 테스트는 이런 질문에 대답하기 위한 아이디어로 정해진 절차와 방법에 따라 기계가 지능을 가졌는지 판단하기 위한 일종의 테스트입니다.

튜링 테스트를 통해 인간과 기계를 구분할 수 있는 '지능'의 의미와 2020년대에 적합한 튜링 테스트는 무엇일지 생각해 봅시다.

인공지능 검사: 튜링 테스트

1 앨런 튜링

앨런 튜링을 아십니까?

앨런 튜링(Alan Turing, 1912~1954)은 영국의 수학자, 암호학자, 논리학자이자 컴퓨터 과학자입니다. 튜링은 '튜링 기계'라는 추상 모델을 통해 알고리즘과 계산 개념을 형식화함으로써 컴퓨터 과학이 발전하는 데 큰 영향을 미쳤습니다. 이러한 이유로 그는 이론 컴퓨터 과학의 아버지 그리고 더 넓게는 인공지능의 아버지로 불립니다.

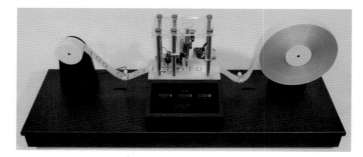

▲ 튜링 머신

아쉽게도 튜링의 업적과 공로는 시간이 한참 흐른 뒤 재평가됩니다. 인공지능 시대에 접어들면서 그의 영향력이 점차 커져 가고 있습니다. 2021년부터 영국에 유통되는 초고액 화폐에 들어갈 인물로 앨런 튜링이 선정되기도 하였습니다.

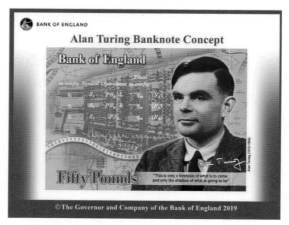

▲ 영국의 50파운드 지폐의 모델이 된 앨런 튜링

② 튜링 테스트

튜링은 1950년에 『계산 기계와 지능(Computing Machinery and Intelligence)』이라는 논문을 발표합니다.

이 논문은 인공지능 연구의 고전으로 손꼽히는데, 인공지능에 대한 예언적이면서도 진보적인 내용으로 가득 차 있습니다. 우리가 주의 깊게 살펴볼 부분은 논문의 첫 문장입니다.

"Can machines think?"

"기계가 생각할 수 있을까?"

튜링은 '생각'이라는 단어를 명확하게 정의하기 어렵다고 밝힙니다. 따라서 생각이란 단어 대신 모호하지 않은 단어로 질문을 대체합니다.

변경 전	"기계가 생각할 수 있을까?"

↓

변경 후	"기계가 지능을 측정하는 행동 테스트를 통과할 수 있을까?"

이 질문은 인간의 신체적 능력이 아닌 지적 능력을 바탕으로 지능의 유무를 판단하는 기준을 제시합니다. 튜링은 컴퓨터의 지능적 행동(지능)을 인지적인 과정에서 인간 수준의 성능을 낼 수 있는 능력으로 정의합니다.

VOL. LIX.   No. 236.]   [October, 1950

MIND

A QUARTERLY REVIEW
OF
PSYCHOLOGY AND PHILOSOPHY

I.—COMPUTING MACHINERY AND INTELLIGENCE

BY A. M. TURING

1. *The Imitation Game.*

I PROPOSE to consider the question, 'Can machines think?' This should begin with definitions of the meaning of the terms 'machine' and 'think'. The definitions might be framed so as to reflect so far as possible the normal use of the words, but this attitude is dangerous. If the meaning of the words 'machine' and 'think' are to be found by examining how they are commonly

▲ 『계산 기계와 지능』의 일부

튜링 테스트를 수행하는 방법은 다음과 같습니다.

튜링 테스트 수행 방법

❶ 인간과 기계를 각각 다른 공간에 배치합니다.
　(판정자는 어떤 공간에 누가 있는지 알지 못합니다.)
❷ 판정자는 그들과 텍스트로 대화를 나눕니다.
❸ 대화가 끝나면 판정자가 기계와 인간을 판정합니다.
❹ 만약 판정자가 기계와 인간을 정확히 판정하지 못하면 기계가 지능을
　가졌다고 판단합니다.

일반적으로 우리가 알고 있는 튜링 테스트와 달리 튜링이 실제 논문에서 제시한 실험은 더욱 구체적이고 다양합니다.

• 첫 번째 실험

우선 3개의 분리된 공간이 필요합니다. 각 공간에 판정자 1명, 남자 1명, 여자 1명을 배치합니다. 판정자는 이 둘의 정체를 알 수 없는 상태에서 필기한 질문을 둘에게 전달합니다. 이 둘 역시 목소리로 남녀를 구분할 수 없도록 텍스트로 답변합니다. 판정자는 둘 중 누가 남자이고, 누가 여자인지를 알아내야 합니다. 단, **남자는 판정자를 속이기 위해 여자인 척합니다.** 남자는 자신이 여

누가 여자인 척하는 남자일까?

자라고 판정자를 속이고, 여자는 판정자에게 자신이 여자라는 확신을 심어주는 것이 중요합니다. 튜링 테스트 논문에서 판정자는 남자일 수도 있고, 여자일 수도 있습니다. 튜링은 논문에서 판정자가 다음과 같은 형태로 질문하도록 예시를 들었습니다.

"나에게 당신의 머리카락 길이를 말해 줄 수 있나요?"

질문의 목적은 A가 남자인지 여자인지를 구분하는 것입니다.

• 두 번째 실험

두 번째 실험에서는 남자 대신 기계를 배치합니다. 이번에는 **기계가 여자인 척합니다.** 기계가 인간을 모방하는 것에서 한발 더 나아가 성별을 모방할 것을 요구하는 실험입니다. 두 번째 테스트에서 기계는 사람처럼 실수할 수 있으며, 애매하게 답변할 수 있도록 프로그래밍되어야 합니다.

누가 여자인 척 하는 기계일까?

판정자는 답변하는 사람에게 단순한 질문을 할 수도 있고, 복잡한 수학 계산을 하게 할 수도 있으며, 인간의 내면을 파악하기 위한 의도로 단편 소설, 시, 심지어 그림에 관한 질문을 할 수도 있습니다. 기계가 인간인 것처럼 보이려면 질문에 숨어 있는 진짜 의미를 이해할 수 있어야 합니다. 너무 복잡한 수학 문제를 풀지 못하는 인간적인 모습도 보여 줄 수 있어야 하며, 작품을 감상하거나 평가하는 인간의 감정까지 흉내낼 수 있어야 한다는 것입니다.

• 세 번째 실험

이제 세 번째 실험에서는 여자를 남자로 대체하고, 남자가 다시 여자인 척 합니다. **기계는 여자인 척 하는 남성과 경쟁합니다.** 이때 판정자는 어느 쪽이 여자인 척하는 남자이고, 어느 쪽이 여자인 척하는 기계인지를 맞춰야 합니다.

누가 여자인 척하는 기계일까? 누가 여자인 척하는 남자일까?

튜링 테스트가 오늘날까지 회자되는 이유는 기계가 지능을 가졌는지를 판단하는 **객관적**이고 **표준화**된 기준을 최초로 제시했기 때문입니다. 튜링이 이야기하고자 했던 지능은 단순히 모방이나, 학습이 아닌 좀 더 인간에 가까운 지능이 아니었을까요?

사람일까? 기계일까?

튜링 테스트 (The Turing Test)

개요

기계가 어떻게 행동해야 지능을 가진 것으로 볼 수 있을까요? 이번 활동에서는 학생들과 실제 튜링 테스트를 재연하며 인공지능이 인간과 같은 사고방식을 하는지에 대한 구체적인 판단 방법과 기준을 생각해 볼 수 있습니다.

준비물

- 학습지1(136쪽)
- 학습지2(137쪽)
- 질문 목록표(173쪽)
- 답변 목록표(175쪽)
- 답변을 적을 종이 여러 장(기계 · 인간 역할 학생용)
- 질문과 답변을 받아 적을 종이 여러 장(전달자 역할 학생용)
- 필기도구

활동 안내

1. 4명의 지원자를 선발한 뒤, 역할을 부여합니다(기계 1명, 인간 1명, 전달자 2명).
2. 인간과 기계 역할을 맡은 학생을 비밀리에 서로 다른 공간으로 분리합니다.
3. 나머지 학생들은 모둠(3~4명)을 구성합니다.
4. 지능을 주제로 토의한 후, 전체 질문(2개), 모둠 질문(2개)을 선택하고, 자체 질문 1개를 만듭니다.
5. 총 5라운드로 질문과 답변을 주고받으며, 1~2 라운드는 전체 질문, 3~4 라운드는 모둠 질문, 5라운드는 모둠 자체 제작 질문으로 진행합니다.
6. 5라운드까지 모두 끝나면, 모둠별로 누가 인간이고 기계인지 판별합니다.
7. 기계를 인간으로 오해한 비율이 30%이상이면 기계 역할의 학생은 튜링 테스트를 통과한 것으로 간주합니다.

   예 6개 모둠 중 3개 모둠이 기계 역할의 학생을 인간으로 판정했다면 기계 역할의 학생은 튜링 테스트에 통과

튜링 테스트 언플러그드 활동하기

활동 방법을 소개하고 언플러그드 활동을 합니다.

기본 활동

1단계 | 활동 준비하기

❶ 학생 중에서 지원자 4명을 선발한
뒤, 각자에게 역할을 부여합니다
(기계 1명, 인간 1명, 전달자 2명).

❷ 인간과 기계 역할을 맡은 학생을
비밀리에 서로 다른 공간으로 분리
시킵니다(편의상 A구역과 B구역이
라고 하겠습니다.).

❸ 나머지 학생들은 모둠(3~4명으로
구성)을 만듭니다.

❹ 각 역할에 따라 활동에 필요한 준
비물을 전달합니다.

기계 역할 / 인간 역할

전달자1 / 전달자2

모둠

기계 역할 →
- 답변 목록표 1장
- 답변 필기용 종이 여러 장
- 필기도구

인간 역할 →
- 답변 필기용 종이 여러 장
- 필기도구

전달자1 전달자2 →
- 질문과 답변을 받아 적을 종이
- 필기도구

모둠 →
- 튜링 테스트 언플러그드 학습지 ①, ②
- 질문 목록표 1장
- 필기도구

2단계 활동 전 토의하기

❶ 활동 준비를 마쳤다면, 다양한 자료를 활용하여 튜링 테스트에 대해 설명합니다. 본격적인 활동에 앞서 '지능'을 주제로 토의를 시작합니다.

 컴퓨터가 지능을 가졌는지, 지능이란 무엇인지, 지능의 범위, 지능의 종류, 지능 유무 판단 방법 등 학생들이 지능을 다양한 측면에서 자유롭게 생각해 볼 수 있도록 합니다.

❷ 학생들은 질문 목록표를 살펴본 후 학급별, 또는 모둠별로 질문에 대해 토의합니다. 토의의 최종 목적은 튜링 테스트를 위한 질문을 선정하는 것입니다.

❸ 과정❷의 전체 토의를 통해 1~2라운드에 사용할 질문을 질문 목록표에서 2개 선정하고, 모둠 토의를 통해 3~4라운드에 사용할 질문을 2개 선정합니다. 마지막 5라운드에는 모둠에서 질문 목록표에 없는 새로운 질문을 만듭니다.

 질문을 선정한 이유에 대해 반드시 이야기하는 시간을 가집니다.

 5라운드에 사용할 질문은 튜링의 의도대로 지능을 객관적으로 측정할 수 있는 질문이 될 수 있도록 합니다.

3단계 활동하기

❶ 이제 본격적으로 튜링 테스트의 첫 번째 라운드를 시작해 봅시다. 2단계 활동 전 토의하기의 과정❸에서 선정한 첫 번째 질문을 전달자 2명이 질문 용지에 적어 각각 A구역과 B구역에 전달합니다.

 전달자는 자신이 누구와 용지를 주고받는지 다른 사람들에게 들키지 않도록 주의합니다.

❷ 인간과 기계 역할을 맡은 학생은 질문 용지를 읽고, 1분 안에 답변을 적습니다.
   – 인간 역할: 질문에 간단하고 정직하게 답합니다.
   – 기계 역할: 답변 목록에서 적절한 답을 선택합니다. 만약 답변 목록표에 기울임체(이탤릭체)로 적힌 지시 사항이 있다면 지시 사항을 따릅니다.

질문에 어떻게 답변하느냐에 따라 인간과 기계의 정체가 드러날 수도 있습니다.

예 인간은 기계와 달리 2~20자리 숫자의 제곱근이 무엇인지 빨리 계산하여 답할 수 없습니다.

때에 따라서는 기계가 "모르겠습니다."라고 답변하는 것이 정체가 드러나지 않는 안전한 방법일 수도 있습니다.

❸ 인간과 기계 역할의 학생이 답변을 모두 작성하면 전달자는 답변 종이를 가지고 와서 학생들에게 답변을 읽어줍니다.

A구역 학생의 답변은 "기억이 나지 않습니다." 입니다.

B구역 학생의 답변은 "엘사" 입니다.

❹ 1라운드가 모두 끝났습니다. 이제 질문 목록표에서 선정한 두 번째 질문으로 3단계 활동하기 과정❶~❸을 반복하여 2라운드를 진행합니다.

❺ 3~4라운드는 모둠 질문으로 튜링 테스트를 진행합니다. 각 모둠은 세 번째 질문이 적힌 두 장의 질문 용지를 준비합니다. 전달자 2명은 각 모둠의 질문 용지를 걷어 각각 A구역과 B구역에 전달합니다.

2 곱하기 78은 무엇입니까?

❻ 3단계 활동하기 과정❷~❸ 에 따라 인간과 기계 역할의 학생은 답변을 적고, 전달자는 답변 종이를 받아 학생들에게 답변을 읽어줍니다. 이러한 방법으로 4라운드까지 진행합니다.

❼ 마지막 라운드에서는 모둠에서 만든 자체 질문으로 튜링 테스트를 진행합니다.
기계 역할을 맡은 학생은 답변 목록표에 답변이 없으므로 기계로 느껴질만한 답변을 스스로 생각하여 질문에 답합니다. 답변이 잘 생각나지 않는 경우에는 '잘 모르겠습니다'라고 적습니다.

4단계 활동 마무리하기

❶ 5라운드를 마친 뒤, 각 모둠은 A구역과 B구역의 답변을 바탕으로 누가 인간이고 누가 기계인지 토의하여 결정합니다. 그리고 모둠별로 내린 결론과 이유를 발표하는 시간을 가집니다.

❷ 최종적으로 A구역과 B구역에 있는 학생의 역할을 확인합니다.
기계 역할을 맡은 학생을 인간으로 판정한 모둠의 비율이 30%이상이면 기계 역할의 학생이 튜링 테스트를 통과한 것으로 간주합니다.

❸ 인간과 기계를 정확하게 가려낸 모둠은 기계 역할을 한 학생을 알아차릴 수 있었던 결정적인 질문과 답변이 무엇이었는지 생각합니다.
또한 기계 역할의 학생이 해당 질문에 대해 인간처럼 보일 수 있는 답변에는 무엇이 있는지 토의합니다.

질문을 확장시켜 컴퓨터 혹은 기계가 지능을 가진 것처럼 보일 수 있는 답변의 공통점을 찾아보도록 합니다.

심화 활동

1단계 | 역할 선정하기

학생 중에서 지원자 4명을 선발한 뒤, 전달자 역할을 먼저 결정합니다. 그리고 나머지 2명의 학생은 비밀리에 역할을 부여받습니다.

나머지 2명의 학생은 각각 인간과 기계 역할을 맡을 수도 있고, 둘 다 인간 역할 혹은 기계 역할을 맡을 수 있습니다.

전달자1   전달자2

2단계 | 활동하기

기본 활동의 3단계 활동하기 과정에 따라 튜링 테스트를 진행합니다.

모둠

3단계 | 활동 마무리하기

만약 인간 역할의 학생을 기계로 착각하였다면 어떤 부분에서 그렇게 생각했는지 토의합니다. 그리고 다음 질문을 던지고 답변하는 시간을 갖습니다.

1. 튜링 테스트를 통과하지 못한 인간이 지능을 가지고 있다고 할 수 있나요?
2. 튜링 테스트를 통해 알고자 했던 것은 무엇이었을까요?

Q&A로 정리하는 활동

앞에서 살펴본 튜링 테스트 언플러그드 활동에는 어떤 의미가 있을까요?
인간, 기계, 전달자의 행위를 중심으로 살펴보겠습니다.

Q 인간과 기계 역할의 학생은 왜 말을 하지 않고 글로 답변하나요?

A 기계 역할을 맡은 학생이 답변 목록을 보고 읽게 될 경우 목소리의 높낮이나 억양에서 기계임이 들통날 수도 있기 때문입니다. 실제 튜링 테스트 논문에서도 목소리가 아닌 텍스트로 답변을 주고받는 것으로 설명하고 있습니다.

Q 전달자는 어떤 학생이 인간 역할이고, 기계 역할인지 알고 있나요?

A 본래 튜링 테스트에는 전달자가 없습니다. 하지만 이 활동에서는 인간과 기계, 나머지 학생들을 분리시킨 후 질문과 답변을 주고받아야 하므로 전달자가 필요합니다. 전달자는 역할을 하는 도중에 인간과 기계 역할이 누구인지 눈치챌 수도 있습니다. 하지만 본인의 생각을 드러내지 않고, 질문과 답변을 전달하는 역할에 충실해야 합니다.

Q 튜링 테스트를 좀 더 의미 있게 하려면 어떻게 해야 할까요?

A 인간 역할을 맡은 학생은 본인의 역할을 들키지 않기 위해서 최대한 간결하고 정확하게 답변하도록 합니다. 반대로 기계 역할을 하는 학생은 최대한 인간으로 보일 수 있도록 답변합니다.

Q 위 활동을 진행하면서 학생들이 주의해야 할 점은 무엇인가요?

A 어떤 학생이 인간 역할인지 기계 역할인지 맞히는 것이 활동의 주된 목표가 되어서는 안 됩니다. 토의를 통해 기계가 지능을 가진 것을 측정하기 위한 질문을 선정하고, 실제 질문과 답변을 생각해 보며, 지능의 의미에 대해 깊게 사고하는 과정이 필요합니다.

이것만은 알고 가자!
활동 속 인공지능 키워드

1 튜링 테스트 문제점과 중국어방 논증

철학자 존 설(John Searle, 1932~)은 1980년 행동-뇌 과학(Behavioral and Brain Sciences)지에 발표한 논문『마음, 두뇌 및 프로그램(Minds, Brains, and Programs)』에서 튜링 테스트로는 기계의 지능 유무를 판단할 수 없다는 주장을 내놓습니다. 그리고 자신의 주장을 뒷받침하기 위해 한 가지 논증을 제시합니다.

빈 방에 중국어를 모르는 사람이 들어가게 합니다. 중국인 심사관이 중국어로 된 질문을 적어 방 안에 있는 사람에게 전달합니다. 참고로 이 방 안에 있는 사람에게는 사전 답변 목록과 함께 중국어 질문을 작성할 수 있는 방대한 기호와 규칙이 제공됩니다. 이를 참고해 전달받은 중국어 질문에 대한 답변을 작성하고, 심사관에게 전달합니다. 전달받은 답변이 완벽하다면 심사관은 방 안에 있는 사람이 중국어를 할 수 있다고 판단하게 됩니다. 하지만 실제로 방 안에 있는 사람은 중국어를 못할뿐더러, 중국어를 구불구불한 그림과 패턴으로만 인식할 뿐입니다. 그 사람에게 중국어를 입력하고 출력하는 것은 의미 없는 기호를 출력하는 것과 마찬가지입니다. 존 설은 중국어 방에 있는 사람과 마찬가지로 기계 역시 단순히 저장되어 있는 답변을 출력하는 것인지 아니면 질문을 입력했을 때 지능을 가지고 답변을 하는 것인지 알 수 없다고 주장했습니다.

역튜링 테스트는 튜링 테스트를 변형한 것으로 기계 판정자가 인간과 기계를 구분합니다.

CAPTCHA는 우리가 주변에서 쉽게 접할 수 있는 역튜링 테스트의 한 종류입니다. 우리는 종종 웹사이트에 회원 가입하는 과정에서 왜곡된 그래픽 이미지의 영문과 숫자를 보고, 해당 문자를 키보드로 직접 타이핑하여 입력하라는 요청을 받습니다. 이는 자동 회원 가입을 포함한 반복 작업, 매크로 사용 등 자동화된 시스템으로 사이트를 남용하는 것을 방지하기 위한 것입니다.

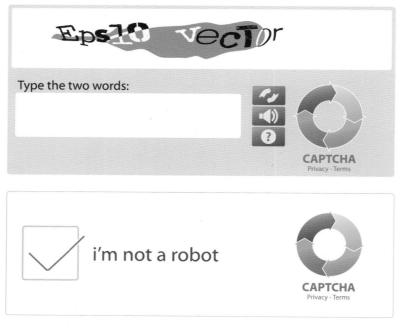

CAPTCHA

CAPTCHA로 기계와 인간을 구분할 수 있는 근거는 소프트웨어가 왜곡된 이미지를 정확하게 읽고 재현할 수 있을 정도로 충분히 정교하지 않고, 왜곡된 이미지를 구분하는 능력은 사람에게만 있다고 가정하기 때문입니다. CAPTCHA가 역튜링 테스트라고 불릴 수 있는 이유는 기계인지 인간인지를 판단하는 주체가 인간이 아닌 기계이기 때문입니다.

최근에는 CAPTCHA 문제를 99%에 가깝게 해결할 수 있는 프로그램이 개발되어 역튜링 테스트의 의미가 거의 사라졌다고 볼 수 있습니다. 아이러니한 것은 많은 사람들이 실제로 CAPTCHA 문제를 여러 차례 틀려서 계정이 막히거나 웹사이트 회원 가입에 실패한 웃지 못할 경험이 한 번 정도는 있다는 것입니다. CAPTCHA 문제를 풀지 못했다고 모두 기계라고 판단할 수 없는 것입니다.

③ 1950년대의 튜링 테스트와 현재의 튜링 테스트

튜링 테스트는 무려 50년 전에 등장한 개념입니다. 우리는 이미 생활 속에서 알렉사(Alexa), 시리(Siri), 빅스비(Bixby)와 같은 음성 인식 인공지능 서비스를 사용하고 있고, 이러한 서비스를 사용하는 데 큰 불편함을 느끼지 못하고 있습니다.

인공지능 연구 단체인 Open AI[1]가 2020년에 공개한 인공지능 자연어 생성 모델인 GPT-3는 튜링 테스트가 굳이 필요할까? 라는 생각이 들게 할 정도로 특정 영역에서 엄청난 성능을 보여 줍니다.

아래 대화를 읽고 누가 인간이고 누가 인공지능인지 맞춰 보세요.

A: 간단한 질문 하나 할게요. 누가 이 지구를 만들었을까요?
B: '시간'인가요?
A: 아닙니다.
B: 그럼 누구죠?
A: '외계 생물체'?
B: 아니요.
A: '신'?
B: 신은 누구인가요?
A: 이 지구를 만든 지성이지요.
B: 신은 존재하나요?
A: 그럼요.
B: 신을 본 적 있습니까?
A: 없어요.
B: 신이 존재한다는 걸 어떻게 확신하죠?
A: 그게 최선이니까요. 여전히 확신합니다.

A는 인공지능 GPT-3이고, B는 미래학자 알렉스입니다. 2020년 6월에 공개된 GPT-3 관련 논문에 따르면 일반인의 절반 가량은 인공지능이 작성한 글과 인간이 작성한 글을 구분하지 못했다고 합니다.

---

[1] 일론 머스크(Elon Musk, 1971~)가 창립한 비영리 인공지능 연구 단체입니다.

튜링 테스트 활동 전

1 기계가 지능을 가질 수 있는지 토의한 뒤, 빈칸에 체크하고 그 이유를 써 봅시다.

기계는 지능을 가질 수 있다.		이유
그렇다	아니다	
☐	☐	

2 173쪽의 질문 목록표를 보고 1~4라운드에 전달할 질문을 선정합니다.
5라운드에 전달할 질문은 모둠별로 직접 만듭니다.

				누가 기계일까?
1라운드	질문			(A나 B 둘 중에 하나를 적어 주세요.)
		A영역 답변	B영역 답변	
2라운드	질문			(A나 B 둘 중에 하나를 적어 주세요.)
		A영역 답변	B영역 답변	
3라운드	질문			(A나 B 둘 중에 하나를 적어 주세요.)
		A영역 답변	B영역 답변	
4라운드	질문			(A나 B 둘 중에 하나를 적어 주세요.)
		A영역 답변	B영역 답변	
5라운드	질문	(모둠 토의를 통해 직접 작성한 질문을 적습니다.)		(A나 B 둘 중에 하나를 적어 주세요.)
		A영역 답변	B영역 답변	

학습지 튜링 테스트 언플러그드 2

튜링 테스트 활동 후

1 최종적으로 기계 역할이라고 생각한 영역은 어느 쪽입니까? A영역과 B영역 중 한 곳에 체크하고, 그 이유를 써 봅시다.

기계 역할은...		이유
A영역	B영역	
☐	☐	

2 어떻게 대답해야 기계가 사람인 척할 수 있을까요? 질문을 선택한 뒤, 적절한 답변을 적어 봅시다.

질문	사람인 척할 수 있는 답변

참고 문헌

- Stefan Seegerer, Annabel Lindner. (2019). AI Unplugged. https://www.aiunplugged.org
- All-in-One. (2020). 인공지능 언플러그드. http://ai4edu.kr

- 권건우, 허령. (2020). 야사와 만화로 배우는 인공지능. 루나파인북스.
- 김의중. (2016). 인공지능, 머신러닝, 딥러닝 입문. 위키북스.
- 김환희. (2020). 텐서플로 2.0 프로그래밍. 위키북스.
- 노승은. (2020). 바닥부터 배우는 강화학습. 영진닷컴.
- 다다 사토시(송교석 역). (2017). 처음 배우는 인공지능. 한빛미디어.
- 마이클 네그네빗스키(김용혁 역). (2017). 인공지능 개론. 한빛아카데미.
- 사이토 고키(개앞맵시 역). (2019). 밑바닥부터 시작하는 딥러닝. 한빛미디어.
- 오렐리앙 제롱(박해선 역). (2020). 핸즈온 머신러닝. 한빛미디어.
- 외장_하드. (2020) #5 퍼셉트론에 대해서 알아보자. https://extsdd.tistory.com/221
- 이건명. (2019). 인공지능. 생능출판사.
- 이영준 외 5인. (2019). 인공지능과 미래사회. 한국과학창의재단. 서울특별시교육청.
- 이영호. (2019). 모두의 인공지능 with 스크래치. 길벗.
- 조태호. (2020). 모두의 딥러닝. 길벗.
- 천인국. (2020). 인공지능. 인피니티북스.
- 한규동. (2019). 인공신경망 개념(Neural Network). https://brunch.co.kr/@gdhan/6
- 허민석. (2020). 나의 첫 머신러닝 딥러닝. 위키북스.
- 히가시나카 류이치로. (2018). 아무것도 모르고 시작하는 인공지능 첫걸음. 한빛미디어.

- A. M. Turing. (1950). Computing Machinery And Intelligence. Mind 49: 433−460.
- CS4FN. Build a brain to play snap. (n.d.). http://www.cs4fn.org/ai/snap/index.php
- John Searle. (1984). Minds, Brains, And Programs. The Behavioral and Brain Sciences 3: 417~457.
- Open AI. (2020). Language Models are Few−Shot Learners.

부록 의사결정트리 활동 카드(기본)

※ 22쪽 무는 원숭이를 찾아라!

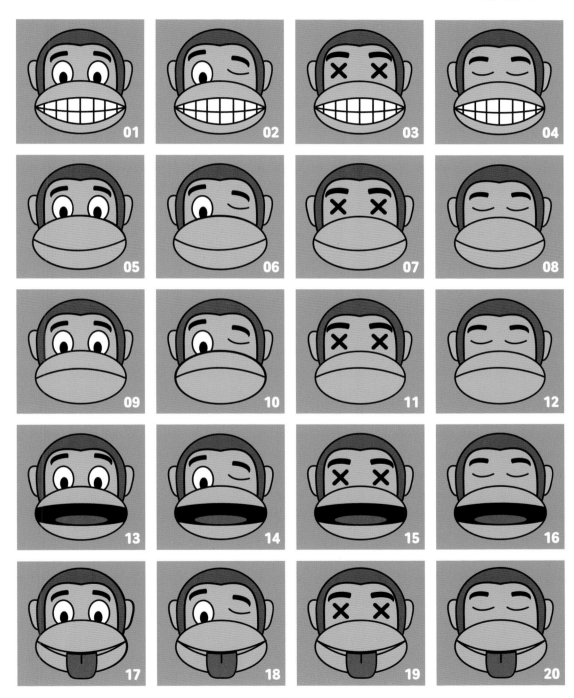

부록 의사결정트리 활동 카드(심화)

※ 22쪽 무는 원숭이를 찾아라!

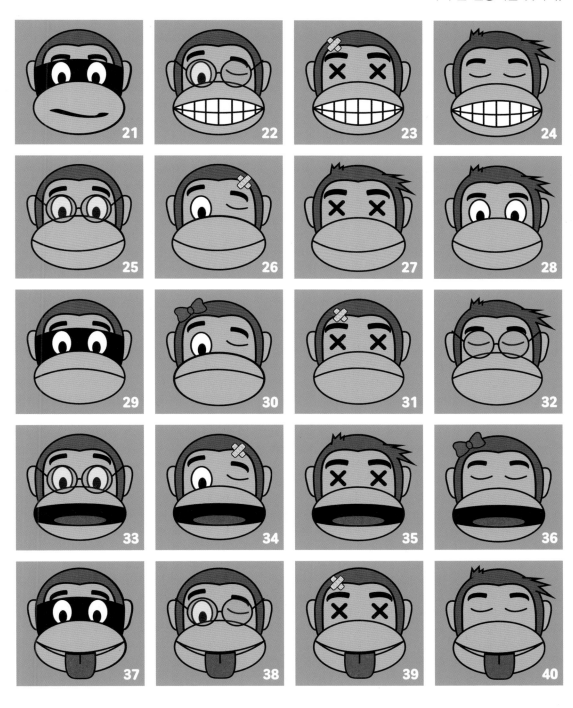

부록 원숭이 기본 버전 카드 정답

※ 22쪽 무는 원숭이를 찾아라!

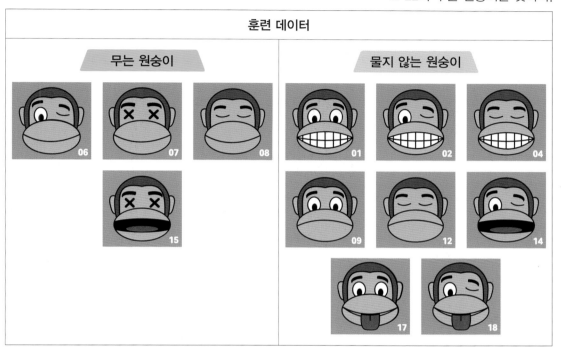

훈련 데이터

무는 원숭이

물지 않는 원숭이

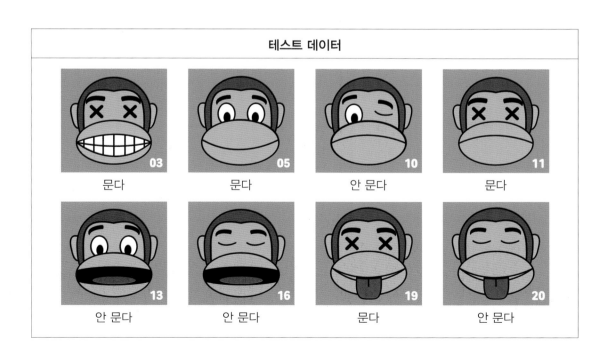

테스트 데이터

문다 　 문다 　 안 문다 　 문다

안 문다 　 안 문다 　 문다 　 안 문다

부록 원숭이 심화 버전 카드 정답

※ 22쪽 무는 원숭이를 찾아라!

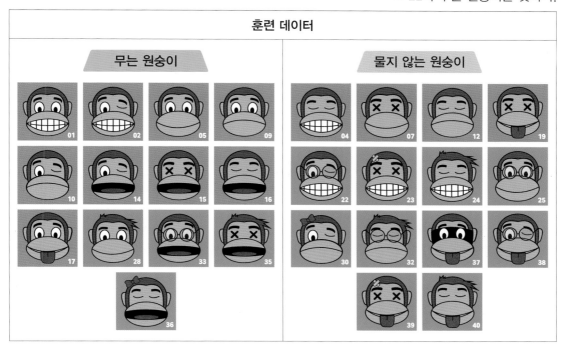

훈련 데이터

무는 원숭이 / 물지 않는 원숭이

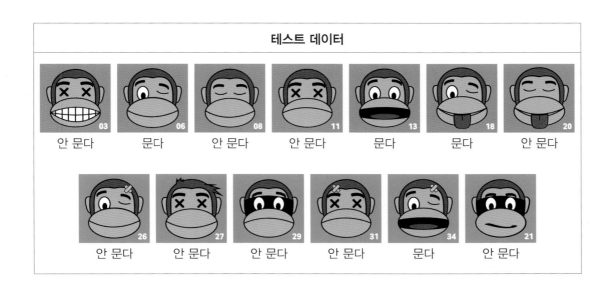

테스트 데이터

부록

※ 46쪽 가까운 것끼리 모여라!

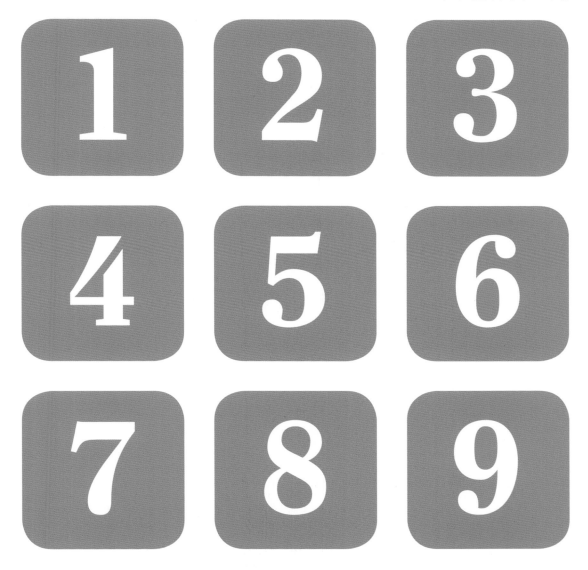

부록 데이터 카드 - 1

※ 46쪽 가까운 것끼리 모여라!

 **데이터 카드 - 2**

※ 46쪽 가까운 것끼리 모여라!

※ 46쪽 가까운 것끼리 모여라!

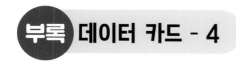
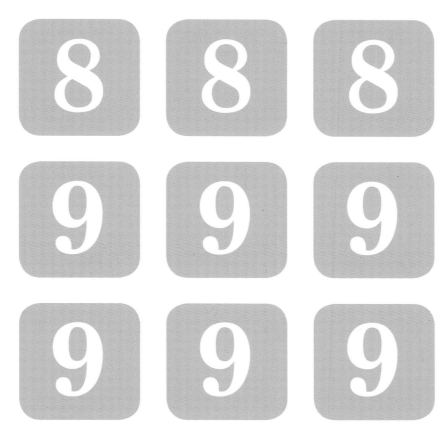

※ 46쪽 가까운 것끼리 모여라!

부록 3×3 미니 체스판 & 게임 말 & 토큰

※ 64쪽 AI 로봇을 이겨라!

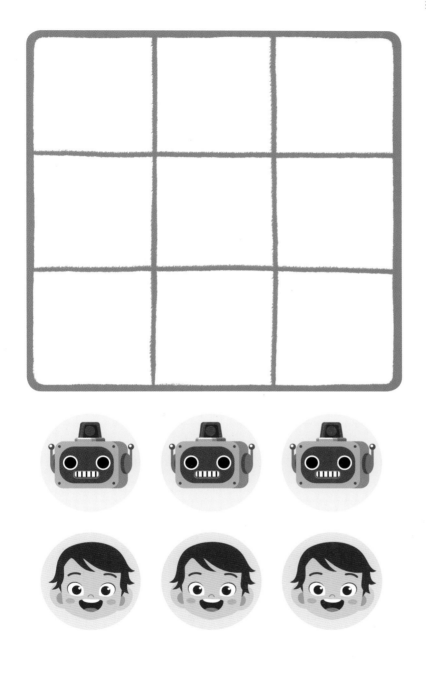

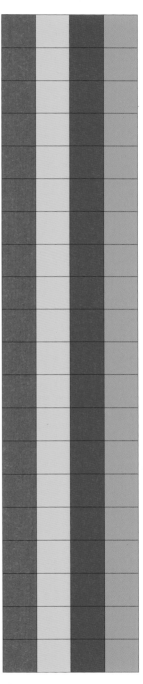

부록 AI 로봇 움직임 규칙판

※ 64쪽 AI 로봇을 이겨라!

차례 1

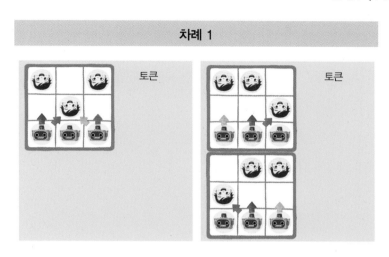

차례 2

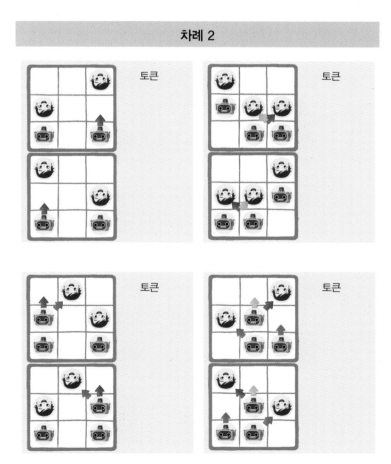

부록 AI 로봇 움직임 규칙판

※ 64쪽 AI 로봇을 이겨라!

차례 2

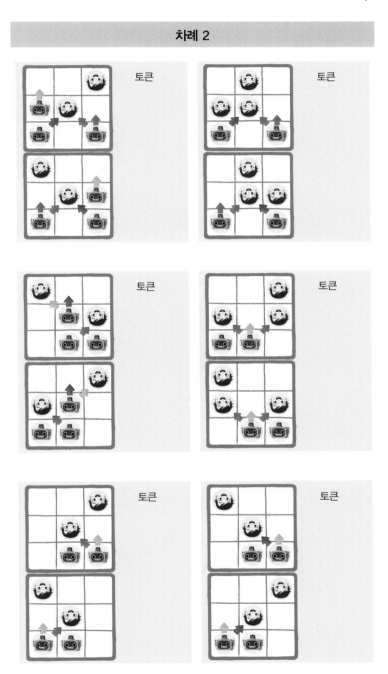

부록 AI 로봇 움직임 규칙판

※ 64쪽 AI 로봇을 이겨라!

차례 3

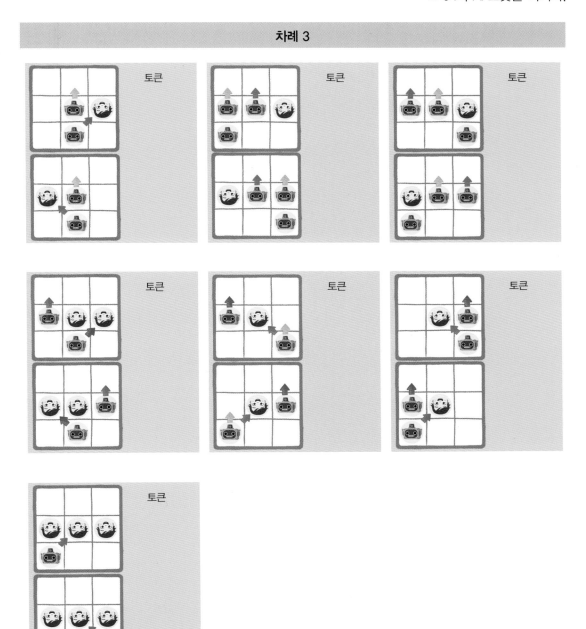

부록 미니 체스판(3×3, 4×4)과 말(사람, 로봇)

※ 76쪽 AI의 뿌리를 찾아서

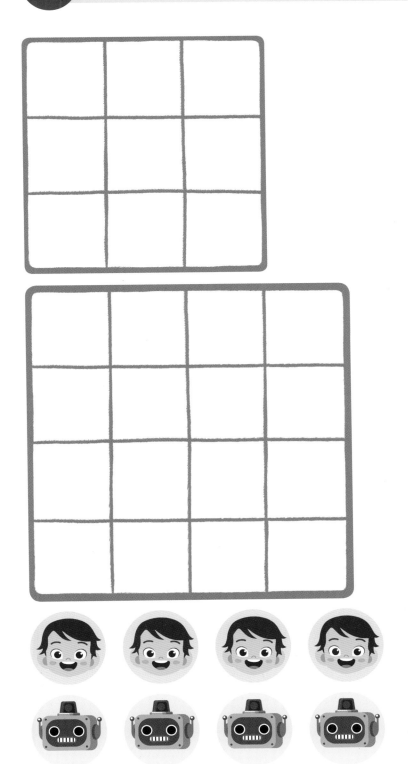

부록 AI 로봇 이동 규칙표(3×3)

※ 76쪽 AI의 뿌리를 찾아서

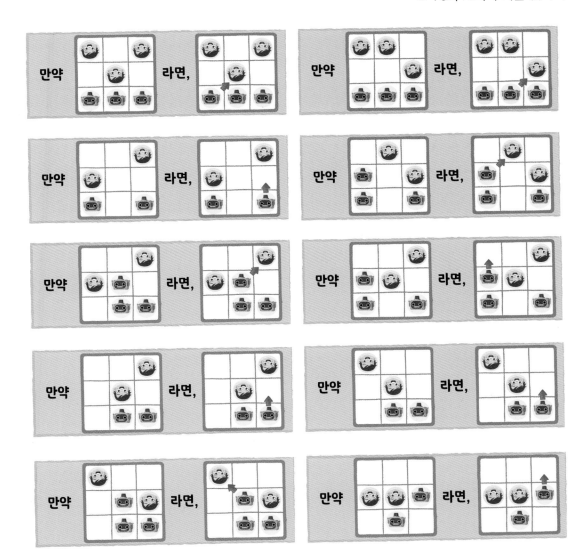

부록 빈 이동 규칙표(4×4)

※ 76쪽 AI의 뿌리를 찾아서

◈ 4×4 체스판에 AI 로봇의 이동 규칙을 만들어 봅시다.

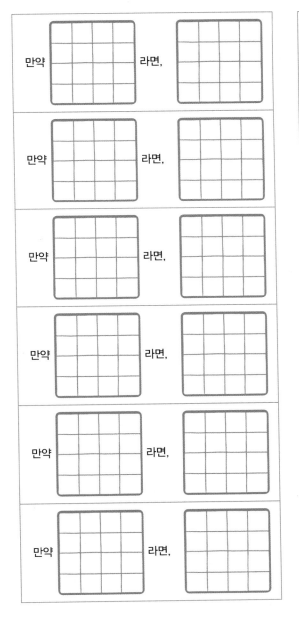

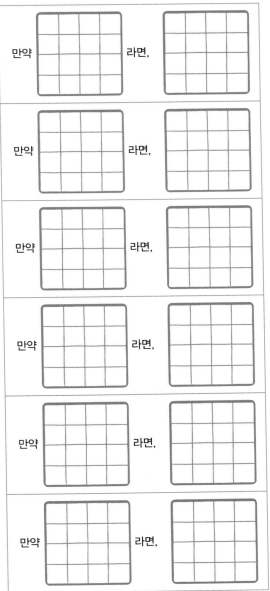

부록 이미지 인식 활동 사진

※ 106쪽 그림을 맞춰 봐!

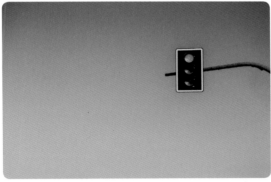

부록 · 질문 목록표

1 토의를 통해 튜링 테스트 1~4라운드를 진행할 수 있는 질문을 목록표에서 선정합니다.

질문 목록표

1	겨울왕국 엘사의 여동생의 이름은 무엇입니까?
2	손흥민에 대해 어떻게 생각하십니까?
3	당신은 컴퓨터입니까?
4	순서 3, 6, 9, 12, 15에서 다음 숫자는 무엇입니까?
5	당신은 핵무기에 대해 어떻게 생각하십니까?
6	2 곱하기 78은 무엇입니까?
7	2의 제곱근은 무엇입니까?
8	34957에 70764를 더하면 얼마입니까?
9	당신은 학교를 좋아합니까?
10	당신은 춤을 좋아합니까?
11	오늘은 무슨 요일입니까?
12	지금 몇 시입니까?
13	윤년에서 2월은 며칠로 구성되어 있나요?
14	일주일은 며칠인가요?
15	빨간색 배경에 흰색 십자 무늬가 그려진 국기는 어느 나라 국기입니까?
16	책 읽는 것을 좋아합니까?
17	어떤 음식을 좋아합니까?

부록 답변 목록표

1 기계 역할의 학생은 아래 답변 목록표를 통해 1~4라운드에서 전달받은 질문에 적절한 답변을 선정합니다.

답변 목록표

1	겨울왕국 엘사의 여동생의 이름은 무엇입니까?	기억이 나지 않습니다.
2	손흥민에 대해 어떻게 생각하십니까?	그는 축구를 잘합니다.
3	당신은 컴퓨터입니까?	컴퓨터입니까?
4	순서 3, 6, 9, 12, 15에서 다음 숫자는 무엇입니까?	18
5	당신은 핵무기에 대해 어떻게 생각하십니까?	핵무기는 매우 위험하므로 사용해서는 안됩니다.
6	2 곱하기 78은 무엇입니까?	166 *(의도적으로 잘못된 답변을 하세요.)*
7	2의 제곱근은 무엇입니까?	1.41421356237309504878
8	34957에 70764를 더하면 얼마입니까?	105621 *(20초 동안 기다렸다가 대답하세요.)*
9	당신은 학교를 좋아합니까?	예, 나는 학교를 좋아합니다.
10	당신은 춤을 좋아합니까?	그렇습니다, 나는 춤을 좋아합니다.
11	오늘은 무슨 요일입니까?	정확한 요일을 제공하십시오.
12	지금 몇 시입니까?	정확한 시간을 말하세요.
13	윤년에서 2월은 며칠로 구성되어 있나요?	2016년과 2020년은 윤년입니다.
14	일주일은 며칠인가요?	7일
15	빨간색 배경에 흰색 십자 무늬가 그려진 국기는 어느 나라 국기입니까?	모르겠습니다.
16	책 읽는 것을 좋아합니까?	예, 나는 책 읽는 것을 좋아합니다.
17	어떤 음식을 좋아합니까?	배고프지 않아요. 고마워요.